僕はこうして
運を磨いてきた

100人が100%うまくいく「一日一運」

千田琢哉 *Takuya Senda*

青春出版社

PROLOGUE

すでに授かっているものを磨くことが、運を磨くことである。

運を良くしたいという人は多い。

運を良くするためにパワースポットに出かけたり

ゲン担ぎをしたりする人もいる。

それらを試すのも精神衛生上よろしいかと思うが、

本質的な問題解決にはならない。

なぜなら運の本質はもっと内面にあるからである。

運を磨いて人生を切り拓《ひら》きたければ、
まず運はすでに授《さず》かっている事実を知ることだ。

たとえば背の高い人と低い人とではどちらが幸せになるかは
誰にもわからない。
背の高い人が有利になるスポーツもあれば、
背の低い人が有利になるスポーツもある。

あるいは太った人と痩《や》せた人とではどちらがモテるかは
誰にもわからない。
太った人が好きな人もいれば、
痩せた人が好きな人もいる。

はたまた左脳が強い人と右脳が強い人とではどちらが成功するかは
誰にもわからない。
左脳が強くなければ勝てない分野もあれば、
右脳が強くなければ勝てない分野もある。

私がこれまでに出逢《であ》ってきた
3000人以上のエグゼクティブたちを観察していても、
長期的な成功者たちは例外なく
すでに授かったものに感謝してそれを磨き続けていた。

ないものねだりで寿命を無駄遣いするのではなく、
虚心坦懐《きょしんたんかい》に自分自身を直視した上で
どのように自分を磨き、
どの土俵《どひょう》で戦い、
どのように楽勝するのかを考え抜いていた。

そうした数多くの長期的な成功者たちを目《ま》の当《あ》たりにした私は、
その真似をし続けて、
すっかり習慣化したのは言うまでもない。
自分がすでに授かっているものを淡《たん》々《たん》と磨くだけだから、
ライバルはどこかの誰かではなくいつもこの私自身なのだ。

だから私はサラリーマン時代も現在も他の誰かよりもいい結果を出そうだとか、
多くの本を売ろうなどと考えたことは一度もない。

他人と比較することほど無駄なことはないし、
そもそも私は自分にしか関心がない。
他人と競争をしてストレスを溜《た》め込みながら寿命を削《けず》っている人は、
きっと自分自身の授かったものに気づいておらず、
根本的に勝負の土俵を間違えているのだ。

自分の授かったものを正確に把握《はあく》した上で正しい土俵でそれを磨き続ければ、
あなたの人生は放っておいても好転していくはずだ。
仮に一時的に不幸が襲《おそ》いかかってきたとしても、
必ず包み込んで幸運に転換できる。

あなたには本書でそのきっかけを掴《つか》み、
幸運のスパイラルを描き続けてもらいたい。

２０１８年１月吉日　南青山の書斎から　千田琢哉

僕は

こうして

運を磨いてきた

CHAPTER
1
「運」の特性

事実を受用することから、すべては始まる。

CHAPTER
2
仕事運の磨き方

サラブレッドにはサラブレッドの、
バカにはバカの勝ち方がある。

CHAPTER 2 KEY WORD

CHAPTER
3
出逢い運の磨き方

「人脈を増やさなきゃ」という発想が
人を小粒化させる。

CHAPTER
3
KEY WORD

CHAPTER
4
人生運の磨き方

「一日一運」を積み立てると、
幸運が利息付で引き出せる。

CHAPTER 4 KEY WORD

本文デザイン・DTP
orangebird

CHAPTER

1

「運」の特性

事実を

受用することから、

すべては始まる。

01

頭の良し悪しも運の良し悪しも、アプリオリである。

ここ最近はかなり情報もオープンになってきたが、
頭の良し悪しは遺伝で決まる。
環境の割合もあるにはあるが、
それはアプリオリ（先天的）な才能をベースにした上での話である。
アプリオリな才能がないのにどれだけ環境を整えても
悪い頭が良くなることはない。
家がお金持ちで湯水の如く教育費にお金をかけているのにもかかわらず、
頭の悪い子はやっぱり頭の悪いままのはずだ。
こうしたタブーを隠蔽《いんぺい》すると傷はつかないかもしれないが、
いつまでも幸せを獲得することはできない。
なぜならサラブレッドにはサラブレッドの、
バカにはバカの勝ち方があるからだ。
サラブレッドがバカの勝ち方を真似しても上手くいかないし、
同様にバカがエリートの勝ち方を真似しても上手くいかないのだ。

そしてここからが大切なのだが、
同様に運の良し悪しもアプリオリだということである。
ここで私が述べる「運」というのは
宝くじで大当たりするといった類の単なる偶然ではなく、
まるで天に導かれるように自然の摂理《せつり》に則《のっと》って成功を収める天命である。
JPモルガン、ウォルト・ディズニー、松下幸之助といった
歴史に名を遺《のこ》した成功者は、なるほど確かに頭は良かったのだろうし、
努力もして実力もあったのだろう。
だが彼らの成功の一番の要因は天から授かった運の大きさによるものである。
私がこれまでに出逢ってきた占い師や
日々命がけで生きているエグゼクティブたちも、人が天から授かっている
運の大きさは予《あらかじ》め決まっていると異口同音《いくどうおん》に漏《も》らしていた。
私自身の人生を振り返っても一点の曇《くも》りもなくそう確信している。

もちろんいくら大きな幸運の持ち主でも、その使い方や方向を誤ると成功はできない。むしろマイナスに作用した場合は、ヒトラーのような独裁者になってしまう危険もある。

先ほどの歴史に名を遺した成功者も、私がこれまでに出逢ってきたエグゼクティブも、自分の運を正しい方向に導くように上手にコントロールしていたものだ。

もし本気で幸せになりたければ、

生まれつき悪い運を良くしようと無駄な抵抗をするのではなく、

自分が授かった運のスケールはどの程度なのかを正確に把握することである。

自分の運のスケールを正確に把握することが、

真の幸せを獲得するための必要条件だ。

十分条件は本書で述べたことを実行に移し、習慣化することである。

虚心坦懐に自分の運のスケールを正確に把握する。

02

運は、感染する。

運はアプリオリで決まるという話はすでに述べた通りだ。
では生まれつき運のスケールが小さな人はどうすればいいのか。
もし運のスケールが小さい人は幸せになれないというのであれば、
こうして私が本書を執筆する意味はない。
私は自分の運のスケールを正確に把握することが
幸せになるための必要条件であると述べたが、

あなたの運のスケールが小さければ
運のスケールの大きな人のコバンザメに徹して生きればいいのだ。

「コバンザメ」と聞くと、どこかかっこ悪いと思うかもしれない。
しかし人間社会はすべてコバンザメ集団で成り立っている。
サラリーマンも公務員も政治家もトップの座に
運のスケールが一番大きな人間がいて、そこから運のスケール順に
無数のコバンザメがぶら下がっているという縮図である。
組織というのは運のスケールが大きな人間から小さな人間へと

運気を分け与えながら、それぞれが有機的に絡《から》み合って成立しているのだ。

これは組織の中枢《ちゅうすう》まで入り込んだことのある本物の経営コンサルタントたちであれば、例外なく大いに首肯《しゅこう》する事実である。

組織に歪《ゆが》みが生じておかしくなるのは、人材の座る椅子を間違えているからである。

座る椅子を間違えているというのは、本来社長であるべき人物が社長の椅子に座らずに、運のスケールの小さな人間が座っているということに他ならない。

「魚は頭から臭くなる」という言葉もあるように、トップに立つ人間で組織は決まる。

トップに立つ人間が最も幸運の持ち主でなければ、その組織は滅びる運命にあるのだ。

すでにあなたはお気づきだと思うが、組織存続の秘訣《ひけつ》は各自が自分の与えられた役割を果たすことである。

副社長の役割の人間が社長を目指すべきではないし、

課長の器の人間が部長になるべきではない。
副社長は副社長として、課長は課長として、
役割を果たした結果として幸運が舞い込む。
その場合に副社長は社長に就任《しゅうにん》し、
課長は部長に昇進《しょうしん》することもあるかもしれない。
だがあくまでもそれは結果論であり、
運の良い人のコバンザメに徹したからである。
換言すれば、
運の悪い人と一緒にいるとその運の悪さはあなたに感染するということだ。
運を良くしたければ、
堂々と運の良い人のコバンザメとして役割を果たすべきである。

本気で運を良くしたければ、何が何でも運の良い人にしがみついていく。

03

運は、モタモタを嫌う。

私はこれまでに1万人以上のビジネスパーソンと対話をしてきた。
その経験を通して運の悪い人たちの特徴が浮《う》き彫《ぼ》りになってきた。
それは運の悪い人たちはとにかくモタモタしているということだった。
モタモタしていると締め切りを守れないから、遅刻魔になって周囲の信用を失う。
周囲の信用を失うと仕事ができない人間というレッテルを貼られる。
一度貼られたレッテルはなかなか覆《くつがえ》らないから、
同じ組織で生きる限り運の悪い人生が確定する。
加えてモタモタしているとしょっちゅう人とぶつかるし、
周囲から見てイラっとされるから人生全般でトラブルが絶えない。
こうしてモタモタしている人は、
人生すべてが負のスパイラルに突入してしまうのだ。
そこで私は経営コンサルタントとして、
彼らが本来の運気を取り戻し負のスパイラルを脱出する方法を考え抜いた。
答えは呆《あき》れるほどにシンプルだった。

多少モタモタしても大丈夫なように、スタートを早くすることだった。
一日のスタートを早くするためには早く起きることだ。
早く起きるためには早く寝ることだ。
早く寝るためには早く夕食を済ませることだ。
早く夕食を済ませるためには早く仕事を終わらせることだ。
早く仕事を終わらせるためには早く出社することだ。
早く出社するためには早く起きることだ。
このようにすべてを遡《さかのぼ》って考えていくと、
早寝早起きが運を良くする秘訣だとわかる。
そして仕事においてもこなすスピードが速いのではなく、
仕事に取りかかるスタートを早くすれば、
多少モタモタしても「落ち着いている」とあなたの評価は変わるのだ。
周囲がスタート前の一服をしている間に、
あなたは呑気《のんき》に一服なんてしないでさっさと取りかかることだ。

あるいは上司やお客様の思考を先回りして、
予めフライングで仕事をスタートしておくことだ。

**締め切りに追われて慌《あわ》てて雑にやるのではなく、
のんびり取り組めるようにフライングスタートを習慣化することで、
あなた本来の運気を発揮できるのだ。**

人生泥沼の負のスパイラルに陥《おちい》りたくなかったら、今すぐ「フライングスタート」を習慣化する。

04

運は、やや鈍感を好む。

私がこれまでに出逢ってきた記憶に残るほどの強運の持ち主を観察していると、
彼らはやや鈍感《どんかん》だったことに気づかされる。
鈍感と言っても頭が悪いのではなく、
勝敗や損得にどこか無頓着《むとんちゃく》であるということだ。
ひょっとしたら心の中では腸《はらわた》が煮えくり返っていたのかもしれないが、
傍《はた》からはそれが絶対にわからない。
成すべきことを淡々と成し、飄々《ひょうひょう》と生きているという感じだ。
飄々と生きている姿勢が運を呼び込むのか、
運が良いから飄々としていられるのか。
きっとそれら両方がさらに幸運を呼び込んでいるのだろう。
もちろん私はそうした飄々と生きている強運の持ち主の生き方を真似してみた。
特に強く意識したのは転職先の経営コンサルティング会社に入ってからだ。

強運の持ち主の言動はもちろんのこと、表情や声のトーンまでそっくりそのまま真似をして生きてみた。

半年もすればもはや真似ではなく同化してしまい、私自身の一部にインストールされてしまったようだった。

今だから正直に告白するが、

鈍感さを装《よそお》って飄々と生きていると確実に運が良くなる。

まず、周囲を「千田はちょっと鈍《にぶ》いところがあるから大丈夫だろう」と油断させるから、放っておいても極秘情報が次々に集まってくるようになる。

真実を知り、真実に基《もと》づいた戦略を練ることができれば組織では勝ったのも同然だ。

場合によっては、完全犯罪の如《ごと》く情報操作をして組織をコントロールすることもできる。

次に、どの派閥《はばつ》にも属さずに飄々と生きていると「千田は出世欲がない」と思われて、結果として出世も転がり込んでくる。

なぜなら派閥に属していると派閥のトップが失脚した際に一緒に沈没《ちんぼつ》してしまうから、結果として残った者が勝利することになるからだ。

本当に組織というのは奥が深いと思うのだが、優秀だけど運の悪い人間同士というのは放っておいてもお互いに潰《つぶ》し合って勝手に消えてくれるのだ。

もしあなたが抜群《ばつぐん》の切れ者であれば、かなりの確率で組織では失脚することになる。

なぜなら組織というのは、自分よりも有能な人材を空気の如く排除する力が常に働いているからである。

生まれつき頭の良い切れ者こそ、あえて鈍感を装ってみることをおススメしておく。

飄々と、絶妙な距離感を保つ。
淡々と、成すべきことを成す。

05

運は、運の存在を忘れた瞬間に訪れる。

すでに世界中の科学者が運の研究をしていたが、
日本でもようやく運の科学的な証明が公開されるようになってきた。
その中で数々の事例と照らし合わせてみても納得できるのは、
運は「成功しなければ」という執着《しゅうちゃく》を手放した瞬間に訪れるというものだ。
日々粛々《しゅくしゅく》と成すべきことを成していて、
入浴中やお手洗い、何かを飲んでいる最中など、
ふと結果を出さなければならないという執着を手放した瞬間、
あなたの人生を一変するアイデアを授かったり、啓示《けいじ》を受けたりするものなのだ。
すでにお気づきのように、
日々何かに打ち込んでいる人が水に関わる場所で
リラックスしている瞬間を運は好むのだ。
運には寂しがり屋であると同時にしつこいのが嫌いだという特性がある
と憶《おぼ》えておくといいだろう。
運が寂しがり屋というのは、

運は運の存在を忘れて何かに没頭《ぼっとう》している人に惚《ほ》れ込んで追いかけてくるということだ。

だから自分の使命を理解して日々淡々と生きている人には幸運な人が多いのだ。

たまに正直な成功者で「好きなことをやっているうちに成功しちゃいました」と本音を書いたり言ったりする人もいるが、嫉妬《しっと》した運が追いかけてきたから成功したのだ。

運はしつこいのが嫌いというのは、

「絶対合格しますように！」

「必ず勝てますように！」

といった鬼気迫《ききせま》るようなお願いの仕方をする人を嫌うということだ。

どうして鬼気迫るようなお願いの仕方になるかと言えば、成すべきことを成していないために不足分を運でカバーしようとしているからである。

こういう人たちはいつもピリピリしており、どこか余裕のないことが多い。

自分の成功しか考えていないから、周囲に不快感を与える。
率直《そっちょく》に申し上げて、鬱陶《うっとう》しい存在だから誰からも応援されない。
周囲の人たちの心の中では
「失敗する姿を見て嘲笑《あざわら》ってやりたい」という本音が渦巻《うずま》くはずであり、
まるで空気の如く足を引っ張る連中も出てくるものだ。
結果として運が悪くなるから合格できないし、
勝負にも負けやすくなるというわけだ。
ひょっとしたらこれまでのあなたの人生でも、
当てはまる経験があったかもしれない。
人生で大切なことはこれまでどうだったかではなく、今からどうするかである。
運気を極限まで上昇させたければ、運の存在を忘れるくらいに何かに没頭しよう。

神頼みする前に、何かに没頭する。

06

運は、自分の人生で完結する。

あなたは「末代まで祟《たた》る」という表現を聞いたことがあるかもしれない。

神仏や怨霊《おんりょう》により災厄《さいやく》を被《こうむ》ったり、悪行の報いとして罰が当たったりすることを一般に「祟り」と言うが、運は個人の人生で完結すると考えていい。

もちろん親の借金を肩代わりしたり、親の遺産を引き継いだりすることはあるものの、基本的にそれらは運とは関係がない。

運が良い人はもし親の借金が乗っかってきてもそれを機に幸せになるし、運が悪い人はもし親の膨大《ぼうだい》な遺産を引き継《つ》いでもそれを機に不幸になるのだ。

借金や遺産は表面上の現象に過ぎず、根っこにある運はそれら現象に左右されることは一切ないのだ。

親の運は親の代で完結し、あなたの運はあなたの代で完結する。

そして子どもの運は子どもの代で完結し、孫の運は孫の代で完結するというだけの話だ。

だから安心してあなたはあなたの人生をまっとうすればいい。

換言すれば、自分の運の悪さを親のせいにするのはお門違《かど》いだし、それは自然の摂理に反する行為だからますます運が悪くなると言うものである。

これまで私が出逢ってきた人々を思い返してみても、その人の運の良し悪しはその人の両親や子どもとまるで関係がない。

両親は運が良いのに本人は運が悪いとか、本人は運が良いのに子どもは運が悪いという事例は枚挙《まいきょ》に暇《いとま》がない。

逆もまた然《しか》りである。

私自身の人生を振り返ってみても私の祖父母はいずれも運が悪かったと思うが、両親はいずれも強運の持ち主であり、私はさらに運が良いと周囲から言われ続けてきた。

ちょっと本音を言わせてもらえば、

「少しは俺の実力も認めてくれよ」と言いたくなることもあるが、周囲からは「本当に運が良い」「羨《うらや》ましい」と言われ続けている。

同じ屋根の下で祖父母と両親を目の当たりにして育ってきた私は、

運の悪い人間は何をやってもダメであり、
運の良い人間は何をやっても上手くいくことを熟知している。

運の悪い人間に幸運が訪れても、それは不幸のきっかけに過ぎない。

運の良い人間に不幸が訪れても、それは幸運のきっかけに過ぎない。

運の悪い人間は成すべきことを成さずに運にかけて、出た結果に一喜《いっき》一憂《いちゆう》する。

運の良い人間は「人間万事塞翁《さいおう》が馬《うま》」と考えて、人事を尽くして天命を待つ。

自分の運の良し悪しを誰のせいにもしない。
自分は自分の運を、まっとうする。

07

運は、恒星のような存在を好む。

恒星《こうせい》とは太陽のように自《みずか》ら光を発している星のことである。
地球や金星や水星は自ら光を発していないので恒星ではなく、
惑星《わくせい》と呼ばれている。
惑星は恒星の周囲を公転している。
ちなみに惑星の周囲を公転している月のような星を衛星《えいせい》と呼ぶ。
夜空に輝いている星は月と惑星を除けば、
すべて太陽のような恒星と考えていい。
運は恒星のような存在を好み、恒星のような存在に宿《やど》る特性がある。
恒星に惑星や衛星がたくさん集まってくるのは、
運の良い人に人とお金が集まってくるのとまさに同じだ。
あなたの周囲で運の良い人の顔を複数思い浮かべてもらいたい。
どの人もまるで太陽のように光を発している顔をしていないだろうか。
イケメンとか美人を超越して顔に艶《つや》があるというか、
顔からオーラが溢《あふ》れている。

つまり自然界の恒星と同じ存在だと運が判断した結果、
その人に運が宿っているというわけである。
これまでに私が出逢ってきた長期的な成功者たちの顔は
艶があってイキイキしており、ついでに頭も光っていたものだ。
頭が光っている人には二通りいて、
きちんと手入れしているために髪が輝いている人と、
禿《は》げているからピカピカに光っている人だ。
これには好みの問題もあるだろうが、
運の良し悪しの観点からすると髪が輝いていても
禿げで輝いていてもどちらも同じ効果がある。
あなたはこの話を冗談だと笑うかもしれないが、
経営者や経営コンサルタントの間では結構真面目な話として
語り継がれているのだ。
現実的に考えてみて、

もし同じような実力で同じような服装をした後輩が複数いたら、
あなたは誰にチャンスを与えたいと思うだろうか。
きっと無意識のうちに、顔に艶があって頭が光っている後輩を
依《え》怙《こ》贔《ひい》屓《き》してチャンスを与えてしまうはずだ。

あなたは頭の中で、顔に艶があって頭が光っている人間は
一般に生命力が溢れていて、
与えたチャンスを上手く活かしてくれそうだと計算をするからである。

チャンスが与えられやすいということは、
それだけ運が良い証拠である。
逆にもし運が悪くなりたければ、
暗い顔をしてボサボサの髪の毛でいればいい。

チャンスのきっかけは、「艶」。

08

運は、正論を叫ぶ者を地獄に落とす。

本書を読むほど勉強熱心なあなたはひょっとしたら優等生かもしれないので、

ここではあえて意外な落とし穴を伝えておきたい。

私がこれまでに出逢ってきた優秀なのに運が悪い人たちの特徴がある。

それは正論を叫び続けることであった。

私は経営コンサルタント時代に仕事で役所や金融機関と関わったこともある。

それらのコールセンターにはお客様からのクレームもよく届くのだが、

全員同じように満遍《まんべん》なくクレームが届くわけではない。

どのコールセンターでも、

ある特定のスタッフに集中的に届くのだ。

私はなぜこんな不思議な現象が起こるのかを探るため、

クレームが殺到《さっとう》するスタッフを徹底的に調べ上げて分析した。

その結果明らかになったのは、

そのスタッフにクレームが殺到していたのではなくて、

かかってきた電話をそのスタッフがクレームに発展させていたことだった。

最初に電話をかけてきたお客様がいくら穏《おだ》やかでも、
そのスタッフにかかったら最後、
途端《とたん》にムカッときてみんなブチッときてしまうというカラクリだった。
スタッフの音声を収録して細かく分析したところ、
こんなフレーズが繰り返されていた。
「さっき言いましたよね」
「うちの規定ではこうなっていますので」
「そうやって書いてあるはずです」
すべて正論なのだが、
分析中の私たちまで一緒に殺意を抱いてしまうほどにムッとしたものだ。
よく「クレーマー」という便利な言葉に逃げて被害者を装うスタッフもいるが、
あれはほとんど嘘だ。
実はそのスタッフがクレームに発展させただけの話であり、
そのお客様は最初のほうはごく普通に話していたのだ。

ホテルや百貨店のバックヤードで
「チッ、偉そうに」
と電話を切ってから愚痴《ぐち》っているスタッフもいたが、
電話を切ってからの文句《もんく》はすべてお客様には伝わっている。
以上の例に限らず、
私のサラリーマン時代にも優秀なのに干《ほ》された人間は複数いたが、
いずれも共通点は声高に正論を叫び続けていたことだった。
どうやら運は正論を盾《たて》にふんぞり返る者を、
地獄に落とす特性があるようだ。

運の土台は人間関係にある。
正論を叫びたくなったら、
エネルギーの使い方が間違っていることに気づこう。

09

運は狭くて混雑した状態を嫌い、優雅なスペースを好む。

整理《せいり》整頓《せいとん》という言葉がある。
整理とは物を捨ててスッキリすることであり、
整頓とは物を綺麗《きれい》に並べることである。
あなたの運気を今すぐ上げたければ、整頓ではなく整理することだ。
格安ショップやバーゲンセールは
ビッシリと物が積まれて整頓されている空間だから、
そこは混雑した状態となり安物に安者が集まってくる。
運は狭くて混雑した状態を嫌うから、
殺伐《さつばつ》とした空気が漂《ただよ》って争い事が起こりやすい。
まさに運の悪い状態の極致《きょくち》である。
反対に表参道や銀座にある高級ブランドショップを思い浮かべてもらいたい。
そこには優雅なスペースが広がっていて厳選された物が
少しだけ陳列《ちんれつ》されている。
こうした優雅《ゆうが》なスペースには一流の物に一流の者が引き寄せられる。

運は優雅なスペースを好むから、
そこには上品な空気が漂って笑顔が溢れるものだ。
まさに運の良い状態の極致である。
以上は「片づけの法則」といった
巷《ちまた》に溢れ返る自己啓発書に書かれていることと重なる部分も多いから、
勉強熱心なあなたはすでに習慣化しているかもしれない。
だが私は経営コンサルタント時代にスペースは空間だけではなく、
時間にも必要であることに気づかされた。
当時私は手帳を使っていたのだが、
かなり先までの予定がビッシリ詰《つ》まっていた。
それが売れっ子コンサルタントの証《あかし》でもあったが、
これにもそろそろ飽きてきてしまった。
デスクの上にはすでに何も置かない状態で帰宅する習慣の私だったが、
スケジュールに関しても積極的にスペースを増やしてみたのだ。

少しでも嫌な人には会わない。
少しでも面倒な顧問《こもん》先はぶった切る。
自分ではなくてもできる仕事はすべて部下たちに任せる。
以上を徹底した結果、私の手帳はスペースだらけで真っ白になってしまったのだ。
私の仕事がほとんどなくなってしまい、
毎月二回の会議に参加するだけで優雅な自由を満喫《まんきつ》させてもらった。
この生活ぶりは今もそのまま続いているので、
きっと自然の摂理に則っているのだろう。
私は運と同じく、
混雑した場所が大嫌いだし、優雅なスペースが大好きである。

物も予定も本当に必要なものだけにする。

10

ヒソヒソ話は、自分の人生に終止符を打つに等しい行為だ。

もし運を悪くしないための条件を一つに絞《しぼ》れと言われたら、
私はこう断言する。
ヒソヒソ話をしないことであると。

これは私が某宗教法人の教祖から直接話を聞いて気づかされたことだ。

彼はどれだけ修行を積んで信仰心の深い信者でも、陰口《かげぐち》を言った瞬間にすべてが水泡《すいほう》に帰《き》すと繰り返し説いていた。

その宗教法人では女性幹部の活躍が注目を集めていたのだが、そんな彼女たちに向けて

「女性は信仰心が深くて修行に熱心だけど、陰口を言う確率が高い。だからその場合は残念ながらすべてが帳消しになるからね」

と厳しいことを言っていた。

その宗教の是非はともかく、

私はさすがにこれだけの集団を束ねるカリスマだけあって、含蓄《がんちく》のある話だと唸《うな》ったものだ。

私にとってこの時の教えが強烈だったために、それ以来
私と出逢った人たちに演繹《えんえき》的に当てはめてその都度《つど》検証してみたものだ。
その結果驚かされたのはやはりその教祖の教えは正しかったということである。
どんなに徳を積んでいて誠実に見える人でも、
ヒソヒソ話をした瞬間から確実に運気が落ちていくのだ。
それは傍から見ていて、もう気の毒なほどである。
何万個や何十万個の人生のドミノを並べている途中で、
すべてが帳消しになってしまうようなものだ。
だから私は人格者だと評判の成功者が他人の陰口を言った瞬間、
いつも自分事のようにガックリと肩を落として悔しがったものだ。
なぜならまもなくその人は絶対、必ず、１００％の確率で落ちぶれるからである。
これを宗教的にではなく論理的に説明すれば、こうなる。
自分がつい陰口を言いたくなる相手とは、
概して自分が心のどこかで負けを認めている相手である。

つまり「自分は負けている」事実を認めたくない恐怖心から、陰口を言うことで口からエネルギーを発散してしまったのだ。

口からエネルギーを発散しないで溜め込んでおけば、行動力という最大のエネルギーに転換し、それを燃やし続ければ偉業を成し遂げられたかもしれない。

ヒソヒソ話をするということは、自分の人生に終止符を打つに等しい行為なのだ。


ヒソヒソ話すこと＝愚痴・悪口・噂話…

グッとこらえてエネルギーに転換する。

CHAPTER 1

KEY WORD

運は、余白に宿る。

CHAPTER

2

仕事運の磨き方

サラブレッドにはサラブレッドの、

バカにはバカの勝ち方がある。

11

ビギナーズラックは、運が悪い証拠。

私が経営コンサルタント時代に、
親しい同僚や経営者と共有化していた方程式のようなものがある。
それは「ビギナーズラックは運が悪い証拠」というものだ。
ギャンブルで身を滅ぼすタイプは
ビギナーズラックが忘れられない人間だというのは、
あなたもご存知の通りだ。
だがこれは仕事でも当てはまる。
仕事でビギナーズラックをやらかす人は、
たいてい冴《さ》えない人生を歩むことになる。
なぜならギャンブルと同様に、
「何だ、意外にちょろいな」
とそれ以降の仕事をバカにするようになるからだ。
場合によっては、否《いな》かなりの確率で
先輩や上司を見下すようになって真摯《しんし》に相手の話を聴けなくなるものだ。

こうなると仕事ができない上に性格も悪くなってしまい、
〝プライドの高い落ちこぼれ〟として組織のお荷物になってしまう。
最初に大成功する人は最後に敗者になりやすい。
最初に大失敗する人は最後に勝者になりやすい。
これが私のこれまでに見てきた人たちの人生の縮図である。
もしあなたが最初に失敗しやすいタイプであれば、
喜んでいい。
あなたは幸運の証拠だから、
その悔しさをバネにしてどんどん飛躍《ひやく》すればいい。
器用なタイプが必ずしも成功するわけではないのが、
この人生の面白いところでもある。
もしあなたが不幸にも最初に成功しやすいタイプであれば、
これもまた喜んでいい。
その理由はこうして本書と出逢ったということは、

決して油断をしてはならないという教訓を得ることができたからである。

私自身はうっかりビギナーズラックに陥った場合は、慌ててハードルを思い切り上げて失敗するまで挑戦し続けたものだ。

これは人工的に失敗を創《つく》り上げてビギナーズラックを帳消しにすれば、ギリギリセーフというマイルールだ。

ちなみにこのことは親しい同僚や経営者たちにも言っていないから、今回初公開ということになる。

勝って兜《かぶと》の緒《お》を締《し》めよ。運による勝利はさっさと忘れる。

12

何をやってもダメな時期は、肅々と種を蒔き続ける。

夏目漱石に比肩《ひけん》する明治大正期の文豪に森鷗外《もりおうがい》がいる。
彼は先祖代々医者という名家に生まれ、
幼い頃から目から鼻へ抜ける神童だった。
飛び抜けて優秀だったために2年飛び級して
現在の東京大学医学部医学科に進学した。
さらにそこでも首席を目指すが、
ある教授と反《そ》りが合わずに不本意な評価をつけられる。
首席ではなかったものの、
当時最年少の19歳で卒業して優秀な成績で軍医となった。
軍医になってドイツ留学し当時世界最先端の医学を学んで帰国するが、
同時に小説、詩、翻訳、評論といった文学に関するあらゆる分野の礎《いしずえ》を築く。
途中で軍から圧力がかかり文学活動の強制停止をされるが、
今度は翻訳活動で圧倒的な実績を残している。
突出した才能に恵まれたがゆえに、

生涯にわたって様々な嫌がらせを受け続けるのだが、
中でも彼が一番辛かったことは小倉左遷《こくらさせん》ではないだろうか。
彼の上司で最高位の軍医総監に嫌われて、九州の小倉に飛ばされたのだ。
今で言えば本社から地方支社に出向ということであり、
もはやお前の人生は絶望的だと宣告《せんこく》されたようなものだ。
小倉左遷の際に友人知人はすべて彼から離れて行ったが、
唯一見送りに来てくれたのは
明治天皇崩御《ほうぎょ》後に殉死《じゅんし》したあの乃木希典《のぎまれすけ》将軍だけだったという。
しかし森鷗外を森鷗外たらしめたのは、この小倉時代なのだ。
並のエリートであれば普通はここでふて腐れて人生が終わってしまう。
彼はここでふて腐れることなく、
粛々《しゅくしゅく》と種を蒔《ま》き続けていたのだ。
何をやってもダメな時期は何をやってもダメだということを、
彼はよく知っていたのだ。

だから次に運が巡ってくるまでの間は、ひたすら準備に徹した。
そしていよいよ運が巡ってきた彼は、
見事に官僚のトップである軍医総監に返り咲く。
もはや誰も彼に歯向かう人間はいなくなったため、
好き放題に文学活動ができるわけだ。
彼は東京に戻ってから堰《せき》を切ったように年間数十の作品を発表し続けた。
もし彼に小倉左遷がなければ、
『雁《がん》』『青年《せいねん》』『妄想《もうぞう》』といった名作は生まれなかったかもしれない。
さらに『知恵袋《ちえぶくろ》』『心頭語《しんとうご》』『慧語《けいご》』などの箴言《しんげん》集となると、
確実に生まれなかったに違いない。

人はどんなに落ちぶれても、
ふて腐れさえしなければ大丈夫なのだ。

――ふて腐れたら、そこで試合終了ですよ。

13

自分にとって偏差値の低い場所で徹底的に技を磨き抜く。

これはすべての人におススメできる生き方ではないが、
もし無器用を自覚している人で人生の中盤以降に
一発大逆転を狙いたいのであれば、ぜひ参考にしてもらいたい。
ちなみに根拠は、私自身である。

結論を述べると、
何をやっても他人の何倍も時間がかかって物覚えも悪い人は、
勝負の土俵がそもそも間違っていることに気づくことだ。
あなたの勝負している土俵は並の能力がある人が
並の努力をすれば幸せになれるのであって、
並未満の能力の人がどれだけ努力をしても
単に寿命を無駄遣いしているだけである。
こういう世の中の真実は、
学校でも家庭でも普通は誰も教えてくれない。
なぜならあなたが深く傷つくだろうと、周囲は気を遣ってくれているからである。

ではどうやって気づくかと言えば、
こうして本を読んで自分で気づくしかないのだ。
「あ、これは自分のことだ」と厳しい現実を直視することができたら、
あなたの人生は大きく前進したことになる。
そして私はそういう人に向けてこうして本を書いている。
無器用を自覚している人であれば、
決して花形の部署を目指すべきではない。
会社で花形の部署というのはエリートの巣窟《そうくつ》である。
つまり無器用人間とは対極にあるサラブレッドの集団であり、
そんな土俵で勝負しようものなら不器用人間はイチコロである。
無器用人間が選ぶべき土俵は、
自分にとってひたすら偏差値の低い土俵しかない。
自分の偏差値が40なら偏差値30の土俵を探し、
自分の偏差値が30なら偏差値20の土俵を探すことだ。

もちろん自分の偏差値が70なら偏差値60の土俵で勝負すればいいし、偏差値50の土俵で勝負すればより楽勝できるだろう。

もし何かの間違いで花形部署に配属されてしまったら、その中でもできる限り偏差値の低い土俵を探すことだ。

エリートたちが毛嫌いしそうな仕事を率先して引き受け、それで圧倒的な実績を残す。

最初に花形部署を目指すのではなく、今やっている偏差値の低い土俵を花形にするのだ。

私はサラリーマン時代も現在の仕事も、常に自分にとって楽勝できる土俵で生きてきた。

だから、今、ここにいる。

負けそうなら堂々と棄権《きけん》して、確実に勝てそうな勝負だけで確実に勝つ。

14

嘘をつくと、絶対、必ず、100%の確率でしっぺ返しがくる。

私は経営コンサルタント時代に多くの業種業界を拝見させてもらったが、
大なり小なりビジネスにはどこかにたいてい嘘が含まれているものだ。
嘘と言ってもわかりやすい違法な嘘ではなく、
わかりにくい合法的な嘘のほうが多い。
どうして契約書には細かい字がビッシリと並んでいるか。
綺麗事を抜きにすれば、
相手に読む気を失わせて自分たちの都合が良いように少しでも早く
押印させるためである。
それ以外の理由などすべてこじつけに過ぎない。
私が損害保険会社に勤務していた頃のパンフレットも、
自社にとって都合の悪い部分は虫メガネがいるほど小さな文字で説明され、
どうでもいい部分がイラスト入りのでかい文字で強調されていた。
保険に勧誘《かんゆう》する時には「万一の際にはこれだけ払います」と大袈裟《げさ》にアピールし、
いざ万一の際になったお客様がいたら徹底的に粗探《あらさが》しをし、

いかに支払わないかをじっくり検討していたものだ。
営業部はいかに保険に加入させるかのノルマがあったし、
損害調査部はいかに保険金を支払わないかのノルマがあった。
「これは合法的なぼったくりだな」と思っていたら、
私が転職して数年後には世間から「保険金不払い問題」で大バッシングされて
完膚《かんぷ》なきまでに叩《たた》きのめされた。
今から十年以上前の話だ。
現在の出版業界でも公称と実際の発行部数は違うことが多いし、
奥付に記載されている発行日と実際の発売にズレが生じるのは普通のことだ。
また「累計《るいけい》発行部数」という文字をできるだけ小さく記載し、
「100万部突破」という数字だけをできるだけ大きく記載して
ベストセラーに見せかける。
いずれも出版業界で働いている人から見れば、
「え!? 一体それのどこがいけないの?」と感じることばかりだろうが、

業界の外から見れば信じられないような詐欺《さぎ》行為である。
これらが直接の原因ではないが、
間接的な原因として出版不況に陥ったのは確実である。
ただ出版業界は市場規模がとても小さいから、
叩き甲斐《がい》がないというのが権力者たちの本音だろう。
ここで私が言いたいのは、
業種業界問わず自覚がないまま嘘をつき続けていると、
絶対、必ず、１００％の確率でしっぺ返しがくるというのが
自然の摂理だということである。

嘘にマヒしない。
嘘に洗脳され切った時、
あなたの脳は思考停止となり、成長は止まる。

15

暴利を貪ると、絶対、必ず、100%の確率でしっぺ返しがくる。

暴利《ぼうり》を貪《むさぼ》ると言えば株と不動産を思い浮かべる人が多いはずだ。
証券会社はお客様がいくら損をしても手数料が入ってくるし、不動産会社は元を辿《たど》れば誰のものでもない自然界の土地を我が物顔で好き放題に切り売りして儲《もう》けている。

私は経営コンサルタント時代にこれらの業界とも深く関わったこともあるが、両業界で働いている人々も自分たちが暴利を貪っていることはよくわかっている。

中には「本当はこんな仕事でお金を稼いでいてはいけないと悩んで、新人の頃は良心が痛んでいたこともある」と正直に告白してくれた人もいた。

だがそうした良心の呵責《かしゃく》も時間と共に徐々に薄れてきて、暴利を貪ることにすっかりと慣れ切ってしまうのが人間というものだ。

こうして暴利を貪りながら分不相応の人生を送っていると、絶対、必ず、100%の確率でしっぺ返しがくるのだ。

1929年の世界大恐慌、1991年の日本バブル崩壊、2008年のリーマン・ショックなど数え上げれば枚挙に暇がない。
いずれも人間の欲望のたがが外れたことが原因で起こったものであり、最終的にすべて完膚なきまでに叩きのめされている。
関係者の中には自殺者が続出し、
これまで暴利を貪ってきた分の何倍も、
否何十倍もの借金を背負わされて犯罪者として扱われる。
これは人類の力では如何《いかん》ともし難い善悪の問題を超越した自然の摂理なのだ。
もちろん株と不動産はわかりやすい事例の一部に過ぎない。
私が1次情報として「この業界はそろそろ危険だぞ」と直感したのは、
医療業界だ。
自由診療をいいことに暴利を貪っている連中が多過ぎるし、
患者を巧《たく》みに言いくるめて薬を出しまくる連中もいる。
それで患者目線の抜群《ばつぐん》に効果的な治療ができているわけではない。
患者に効果的な治療ではなく、

自分たちが儲かる高価な治療をしているだけなのだ。

また高級ブランドショップも暴利を貪っている。

たとえば１００万円で売られている腕時計の直営店の仕入れ値は約35万円である。

１０００万円の腕時計だとその仕入れ値は３５０万円だ。

世界中から暴利を貪ったオーナーは、

まるでお城のような家に住んでいる。

もちろん自然の摂理として、いずれ必ずしっぺ返しがくる。

自分の分際を忘れない。

16

チャンスを掴むことより、掴み続けることが大切。

「成功はやっぱり運で決まるのですか？」

これまでにうだつの上がらない人々が、

異口同音にこう質問してきたものだ。

長期的に考えればチャンスは誰にでもほぼ同じ確率で巡ってくる。

問題なのはそれを掴む瞬発力と、掴み続ける持久力だ。

瞬発力を鍛えるためには単純に挙手のスピードを速くすればいい。

上司から「これをやりたい人はいるか？」と聞かれたら、

あなたは最後の「いるか？」に被《かぶ》って挙手すればチャンスを掴めるだろう。

ただしこれは誰でもその気になればお手軽にできることだ。

だから実力としては程度が低いし、

周囲から真似をされればあなたは目立たなくなる。

そして何よりもいくらチャンスを掴んだところで

あなたに肝心の実力がなければ、

もう二度と声がかからなくなるから逆効果になってしまう。

そこで次に求められるのはチャンスを掴み続ける持久力だ。

チャンスを掴み続けるためには、この次も声がかかるように相手を感動させるレベルで仕事を仕上げる必要がある。

顧客満足という言葉が昔流行ったが、満足程度では依頼者はリピートしない。

仮に満足を１００点とすれば＋１点の１０１点を目指し、依頼者の期待を１％でも超えて感動させることでリピーターになってもらえるのだ。

私の場合はサラリーマン時代のラスト５年間はもう自ら営業をしなくなった。

それは目の前の仕事で１０１点を目指して仕上げることが、最強のマーケティングだと気づかされたからである。

現在までこのスタンスで仕事をしてきたが、これまで困ったことは一度もない。

それどころかリピーターと紹介が増え続けて、今では断るのも仕事になっているくらいだ。

実は私だけが特別なのではなくて、
長期的な成功者たちは全員こうした仕組みで淡々と生きているものなのだ。
ここ最近はプレゼン能力を鍛えることの重要性が説かれている。
だがプレゼン能力は所詮チャンスを掴む瞬発力に過ぎない。
もし長期的な成功者になりたければ、
猫騙《ねこだま》し的プレゼンではなく、
いざ仕事がスタートしてからこそが大切なのは言うまでもない。
以上は知識として知っているだけではなく、
行動に移し、習慣化することが大切である。

目の前の仕事で
101点を目指して仕上げる。

17

奇抜な服装は、運気を下げる。

男女共にスーツがお洒落《しゃれ》になって、
仕事着でもファッションが求められるようになってすでに久しい。
世の中は常に生成発展していることを考えると、
これはきっと良い流れなのだろう。
だからこそ、ここで私は警鐘《けいしょう》を鳴らしておきたいことがある。
お洒落で好印象を与えることと、
奇抜《きばつ》な服装で相手に不快を与えるのとではまるで違うということだ。
クールビズに便乗して
より一層ダサいオヤジに落ちぶれてしまった人はとても多いし、
お客様より（悪い意味で）目立っている若者もよく見かける。
たとえば広告代理店の社員を見ていると、
大変興味深いことに気づかされる。
業界順位が下がるにつれて、
概して社員の服装が派手で奇抜になっていくのだ。

〝昔ながらの業界人〟といった風貌《ふうぼう》の広告マンは大手ではなく、米粒のような零細《れいさい》企業の社員だと相場は決まっている。

もちろんこれは劣等感の裏返しもあるだろうし、

そうでもしなければなめられてしまうという涙ぐましい努力の結果なのだろう。

それはそれで弱者の防衛本能だから悪くない。

だがここでは善悪を超越した自然の摂理をありのまま直視したい。

広告業界に限らないが、

一般に業界順位が下がるということは

それに伴い売上も利益も下がるということであり、

結果としてそこで働いている社員たちの年収も低い。

つまり服装が派手で奇抜になると、

年収が低くなるという因果関係が浮き彫りになってくる。

お金の流れがそのまま運気の流れに直結するわけではないが、

運気の流れの一部として確実にお金の流れは含まれる。

そう考えると派手で奇抜な服装をすると、
運気が下がるということになる。

私がこれまでに出逢ってきた人たちを思い返してみても、
運の悪い人ほど服装が派手で奇抜な傾向にあったのは紛《まぎ》れもない事実である。
スポーツ選手や格闘家でも試合に勝てなくなるにつれて、
全身にタトゥーが増えてくる。
弱いから自信がなくなってタトゥーが増えてくるというのも事実だろうが、
タトゥーが増えてくるとますます弱くなっているように思える。
どうやら派手で奇抜というのは、
人生を負のスパイラルに巻き込む力があるようだ。

派手な服は今すぐ捨てよう。

18

安くて面倒な仕事をやっておくと、運の貯金ができる。

私が経営コンサルタント時代に社内外で気づかされた貴重な教訓がある。
それは安くて面倒な仕事をきちんとやっておくと、
運の貯金ができるということだ。
たとえばある市町村関係の仕事を、
「予算がこれだけだから」と懇願《こんがん》されて引き受けたことがある。
相手が高飛車だったり気乗りしない仕事であったりすれば、
もちろん即断るべきである。
だが「本音を言えば逆にお金を払ってもやりたい」と思えるような仕事であれば、
ぜひここは引き受けておくべきである。
なぜならそれが実績となって、
巡り巡ってリピーターと紹介が増えるからである。
あとは放っておいてもあなたの仕事の値段は市場が決めてくれるから、
もう値切られる心配もない。
あなたのレベルが上がれば値切ってくる相手はぶった切れるし、

自然に離れて行くものなのだ。
現在の私の出版の仕事もこれをそのまま応用している。
初期の頃は「本音を言えば逆にお金を払ってでも本を出したい」と思っていたために、どんな条件を出されても二つ返事でどんどん引き受けていた。
私にとって印税を稼ぐことよりも、
1冊でも多くの本を出して実績を作ることのほうが
遥《はる》かに大切だと判断したからだ。
1冊しか本を出していない著者よりも、
3冊本を出している著者のほうが評価される。
3冊しか本を出していない著者よりも、
10冊本を出している著者のほうが評価される。
綺麗事を抜きにすると、世の中とはそういうものである。
次第に私の出版ビジネスが軌道《きどう》に乗ってくると、
私の価値も自《おの》ずと上がってくる。

だから放っておいても先方から提示される見積もりが変わってくるというわけだ。

この成長の流れに乗ってこられない取引先は自然淘汰《とうた》されているか、同じレベル同士で仕事をして先細りしているようだ。

何やら厳しい話をしているようだが、こうしたビジネスの本質から目を逸《そ》らしていては長期的な成功を獲得することはできない。

弱者のうちは分《ぶ》を弁《わきま》えて安くても実績を作ることにエネルギーを注いだほうがいい。

やがてあなたの実績と値段が釣り合わなくなってくるから、その時点であなたは強者に脱皮するというわけである。

目の前の仕事を101点で仕上げ続ければ、自然と見える景色が変わっている。

19

おいしい話には、近づかない。

運の悪い人の特徴として〝おいしい話〟が大好きだということが挙げられる。

運の悪い人は決まってギャンブルが好きだが、

なぜかと言えば

楽にお金を稼ぎたいと24時間365日ずっと考えているからである。

確かに結果として楽にお金を稼げるようになることはあるだろう。

だが最初から楽にお金を稼ぎたいと考えるのは、

典型的な運が悪くなる発想である。

あなたもこれまでにおいしい話を持ちかけられた経験が、

一度や二度はあるだろう。

その時のことをもう一度じっくりと思い出してもらいたいが、

おいしい話を運んできた人たちは

揃《そろ》いも揃って運が悪そうではなかっただろうか。

挙《きょ》動《どう》不《ふ》審《しん》でどこか目が泳いでいたのではないだろうか。

あるいは妙《みょう》に焦《あせ》って決断を迫ってこなかっただろうか。

まさに運が悪い人間の特徴のオンパレードである。
少し考えればこれは当たり前の話で、
本当にそれがおいしい話であればあなたになんかわざわざ教えないで、
自分で勝手においしい人生を満喫しているはずだからである。

おいしい話をわざわざ自分から運んでこなければならない人間というのは、
人生の敗北者である借金魔と同じだ。

ストレートに「お金を貸してくれ」とは言えないから、
おいしい話であなたからお金を奪おうとしているだけなのだ。
おいしいのはあなたにとってではなく、
ひたすら相手にとっての話なのだ。
こうした金銭関係のもつれから殺人沙汰《ざた》にまで発展してしまうのは、
テレビや週刊誌を通してあなたもよくご存知だろう。
私の場合はおいしい話をする連中に近づかないのはもちろんのこと、
自分からおいしい話をすることもない。

ビジネス関連で声をかける際には、絶対においしい話をしない。
「しんどくて儲からないけど、遣《や》り甲斐だけはある」と伝える。
最初に〝しんどくて儲からない〟と念を押しておけば、
楽にお金を稼ぎたいと思う連中は離れて行ってくれる。
つまり運の悪い連中とは自然に絶縁できるというわけだ。
それでも食らいついてくる人は、
私の提案の価値が理解できるということである。
つまり運の良い人々と一緒に仕事をしながら、
より人生を謳歌《おうか》できるというわけだ。

運が悪い人は普段サボって奇跡の一発ばかりを狙う。
運の良い人は淡々とヒットを打ち続けて
とにかく確実に塁《るい》に出る。

20

見えない部分こそ、より丁寧に。

善行はこっそりとするものであり、これ見よがしにすると悪行になる。
これは運の基本原則だが、仕事でもそのまま応用することができる。
人に見られていない時にこそきちんと仕事をするというのも正論ではあるが、
ここではそうした精神論ではなく、もう少し合理的な話をしたい。

仕事は見えない部分こそ、
美しく、丁寧にすべきであるということだ。

なぜなら見えない部分さえ美しく丁寧に仕上げているということは、
それ以外の部分は言うまでもなく完璧に仕上がっていると
人は評価するからである。

スイスやドイツの高級機械式時計がどうして長年にわたって
富裕層に支持され続けてきたかと言えば、
理由の一つにスケルトンで見えない部分のパーツの
彫刻や磨き込みを怠《おこた》らなかったからだ。
見えない部分にもエネルギーを注ぐのは、

欧米人は心のどこかで本当に神の存在を信じ、畏怖《いふ》の念を抱いているからだろう。

確か古代ギリシアの彫刻家にもこんな逸話《いつわ》があったと思う。

彼は神殿の見えない部分にまで彫刻を施《ほどこ》して請求書を提出したが、役人から「そんな誰も見ない部分にまでお金は払えない」と支払いを拒《こば》まれたという。

その彫刻家はこう言った。

「そんなことは決してありません。ちゃんと神様が見ていますよ」

「細部にこそ、神は宿る」という言葉もあるように、物事の細部や見えない部分にこそ神は宿るのであり、運気が密度高く詰まっているのだ。

私もこれまで仕事においては、細部には常軌《じょうき》を逸《いっ》するほどにこだわってきた。

私がここまで細部にこだわる理由は、
私が逆の立場であれば細部がしっかりした仕事に対してだけお金を払いたいと思

うからである。

細部に注意を注げないような人間はプロではないし、
上から命令されてやっつけ仕事をしている
三流の仕事だということが容易に想像できる。

一流のプロは見える部分はもちろんのこと細部にこそエネルギーを注いで、自分の心と時間にゆとりがあることをメッセージとして伝えるのだ。

心と時間にゆとりがあるということは、余白があって運が良いということだ。

私はいつも暇に飽《あ》かせて、存分に細部に魂を籠《こ》め続けている。

ここだけの話、細部はみんなが手を抜くからあなたがしっかりやると際立つのだ。

小さな小さな〝サボり〟をなくしていく。
すべての細かいところにこだわると、
完成度が101点になる。

CHAPTER 2

KEY WORD

自分にとって、偏差値の低い場所で生きる。

CHAPTER
3
出逢い運の磨き方

「人脈を増やさなきゃ」という発想が

人を小粒化させる。

21

自分から むやみに人に会わない。

あなたの周囲で人脈交流会に参加するのが大好きな人はいないだろうか。
あるいは名刺コレクターのような人はいないだろうか。
この人たちを定点観測していると、
揃いも揃ってうだつの上がらない人生を送っている。
それはそうだ。
未熟者の分際で自分からむやみに人に会いまくっていると、
次第に嫌われて誰も会ってくれなくなるからだ。
それでも無理に人に会おうとすれば、
人脈の質を下げざるを得なくなる。
古今東西問わず人材のレベルというのは
例外なくピラミッド型になっているから、
数を目的にすれば必然的にレベルを下げることになるからだ。
「でも千田さんだってこれまでに数多くの人たちと会ってきたのではありませんか？」と聞かれそうだが、それについてもちゃんと答えておこう。

確かに初期の頃は自分からアポイントメントを取って会っていたこともあるが、
すぐにベクトルを逆にして相手から
「会ってください」と言ってもらうように仕向けた。
ファックスDMを一斉送信して
興味を持ってくれた相手にだけ返信してもらったり、
Webマーケティングで相手から問い合わせをしてもらったりした。
次第に友人知人や取引先を一方的に紹介してもらえるようになるから、
どんどん面談を依頼されるようになる。
経営コンサルタント時代には顧問先に一度訪問すると、
その従業員や取引先と必然的に面談することになるから
放っておいても膨大な数の人たちと会うことになる。
自分から人に「会ってください」とお願いしたのは最初の1年足らずだけだ。
一度相手から「会ってください」と懇願《こんがん》してもらう立場になると、
自分のポジションはどんどん上がるし、

人とお金もどんどん集まってくるようになる。

さらに運の良くなる方法を私は長期的な成功者たちから教わって予習していた。

「会ってください」と懇願されても断るほうが、もっと運が良くなるということだ。

実際に長期的に成功している作家が、「本を読むのをやめれば、本を出せる」と書いていたのを読んだことがあるが、なるほど確かにこれは一理ある。

私の場合は、「人に会わなくなると出逢い運は高まる」と言っておこう。

人に会わなくなると、「なかなか会えない人」として自分の価値が高まるからである。

相手から「会ってください」と言ってもらう方法はないか、考える。

22

会った数ではなく、お礼状を出した数を誇る。

これまで私が自分から人と会ってもらった際に、
一人の例外なくやってきたことがある。
それは、必ず即日お礼ハガキを投函《とうかん》しておくということだった。
現在の私があるのはこの習慣がすべての原因であるとは言わないが、
原因の一部であるのは間違いないと思う。

きっかけは大学時代に読んだ中にお礼状の大切さが説かれていた本があって、
理屈ではなくこれは絶対に正しいと直感したことだ。
出逢った人たちにお礼状を書き続けていれば、
必ず幸運に恵まれる人生になると一点の曇りもなくストンと腑《ふ》に落ちたのだ。
だから私は大学生の頃から出逢った人には例外なく
お礼ハガキを出し続けてきた。
就職活動でも当たり前のようにお礼ハガキを出し続けていたら、
「今時珍しい若者だ」と評価をされたことも一度や二度ではない。
社会人になってからもお礼ハガキがきっかけで

数多くの社長たちから気に入られたし、
そのまま仕事に繋《つな》がった経験も数え切れないほどある。
たまたま転職先の経営コンサルティング会社の創業者が、
「会ってもらった人には必ずハガキでお礼状を書きなさい」
と指導していたこともあり、私は
「お、ちょうどいい。このまま継続しよう」
とさらに決意を固くしたものだ。
だが私は決して見返りを求めてハガキを出していたのではなく、
ただ習慣として出していただけなのだ。
見返りを求めてハガキを出していたら、
とてもではないが継続できないと思う。
なぜならハガキを書くのは結構手間がかかるし、
確率的にビジネスに直結することなどほとんどないからだ。
どんなに多く見積もっても1％もビジネスに繋がらないだろう。

では何のためにハガキを書くのかと問われれば、
私は習慣としか言いようがない。
人から何かをしてもらったら「ありがとうございます」と言うように、
私の場合は人に会ってもらったらハガキを書くというだけの話だ。
最低でも一人につき1枚はハガキを書いていたから、
1万枚以上のハガキを書いてきたことになる。
もし誇るとすれば、会った人数ではなく、お礼状を出した数を誇りたい。
仕事に繋がらなかった膨大なハガキの数こそが、
私の運の残高だと思えるのだ。

お礼状で、運の土台を築く。

23

清濁併せ呑まない。

「清濁併《せいだくあわ》せ呑《の》む」とは、

広い心で善悪の分け隔《へだ》てなく受容する器の大きいことである。

私はこれまで数多くの成功者から薫陶《くんとう》を受けてきたが、

彼らもまた「清濁併せ呑む」を主張してそれを実行に移している人が多かった。

しかし「清濁併せ呑む」を実行に移していた人々を追跡調査していると、

晩節《ばんせつ》を汚していた人が圧倒的に多いことに気づかされた。

清濁併せ呑んでいたと評判の歴史に名を遺した偉人の側近たちと親しくなり、

直接話を聞いてみたところ、

実際には隠蔽《いんぺい》工作や後始末に追われて大変だったと

苦労話や愚痴を散々聞かされたものだ。

会社のような組織も人体のような組織も、

組織という点においては一致する。

組織というのはそれまでにいくら健全な肉体と精神を誇っていても、

気まぐれでわずか一滴の猛毒を垂《た》らすだけで死に至ることもある。

これまでいくら善行を積み上げてきても、
たった一度の悪行でその人の人生が台無しになるのとまさに同じなのだ。
出逢い運でもこれはそのまま当てはまる。
いくら一流の実績を残してきた人でも、
三流の人と出逢った瞬間に三流に落ちぶれる。
たとえば社会的に立派な職業に就いていても、
チンピラと関わっていることが公《おおやけ》になると干されてしまう。
「たまたま…」とか「ほんのちょっとだけ…」というのは言い訳にならない。
普通の人はたまたまチンピラと関わることもなければ、
ちょっとだけチンピラと関わることもないからである。
同じグループ内で同じ空間にいて馴染《なじ》んでいるということは、
その人はそのレベルだと評価されるものなのだ。
そして実際に同じレベルなのだ。
あなたも自分自身を振り返ったり、

周囲を少し観察してみたりするといいだろう。
会社の集団ランチをしているメンバーは、
どいつもこいつも似たような顔で似たようなポジションで
似たような年収ではないだろうか。
あなたが学生時代に群がっていたメンバーは、
どいつもこいつも似たような容姿で
似たような成績だったのではないだろうか。
人生を変えるということは、
普段隣にいる顔ぶれを変えるということなのだ。

去る者は追わず。
来る者は拒んでもいい。

24

完膚なきまでに論破するのではなく、ちょい負けしてあげる。

ディベート術や交渉術が流行ってすでに久しいが、
得意気になってそれらを使っているとまもなく孤《こ》立《りつ》無《む》援《えん》の人生が待っている。
なぜなら人は論破するのは大好きだが、
論破されるのは大嫌いな生き物だからである。

あなたに論破された相手は、
ほぼ100%の確率であなたを憎む。
その場では負けたふりをしてくれても、
必ずどこかで復讐《ふくしゅう》してやろうと企《たくら》むものだ。

論破したあなたもいつまでも順《じゅん》風《ぷう》満《まん》帆《ぱん》に人生が運ぶことはない。
誰でもいずれどこかで調子が狂ったり、運気が落ちたりするものだ。
調子に乗って辺り構わず相手を論破し続けていると、
あなたの周囲は敵だらけになる。
あなたに復讐してやろうとしている連中が、
そこら中にウジャウジャ棲《せい》息《そく》しているのだ。

するとあなたの不調を聞きつけて、
ここぞとばかりに完全犯罪の如く復讐されるというわけだ。
場合によってはチームを組んで復讐されることもある。
もしここ最近あなたが不自然に運の悪い状態が連続しているとすれば、どこかの誰かが復讐を実行している可能性もある。

まるでミステリー小説のような話だが、
現実はミステリー小説よりも恐ろしいと考えていい。
もともと小説は現実からインスピレーションを受けて、
それを面白おかしく書いているに過ぎないのだから。
いつの間にか不自然に干されてしまう芸能人たち。
いつの間にか不自然に死んでしまう政治家たち。
いつの間にか不自然に逮捕されてしまう経営者や学者たち。
以上はかなりの確率でどこかの権力者の逆鱗《げきりん》に触れたために、
復讐されたと考えていい。

何を隠そう、私自身が経営コンサルタント時代に「見ていてごらん、あの政治家はもうすぐ死ぬよ」「あの会社は潰すことが決まったよ」という話を事前に聞き、実際にその通りになったことがたくさんあるからだ。

私は議論になったら、必ずどこで負けてあげるかを真っ先に考える。

ちょい負けしてあげることで、相手に優越感を持たせることができるからだ。

ただしわざとちょい負けするためには、相手の10倍は勉強しておく必要がある。

あなたが相手と同等以下ではそれはちょい負けではなく、ただの負けだからである。

論破できる知性をもって、ちょい負けしてあげる。

25

運の良い人は、孤独をこよなく愛する。

私がこれまでに出逢ってきた長期的な成功者は、群れを好む人は一人もいなかった。

仕事で仕方なく連日パーティーを開催しなければならないという人もいるにはいたが、本質的には孤独をこよなく愛していた人が圧倒的に多かった。

経営コンサルティング会社時代の私は、会社で経営者向けのパーティーを毎月のように開催していた。

パーティー会場では壁の花になってしまうほど群れが苦手で、主催者に爽やかに挨拶をしていたかと思うと、乾杯の音頭《おんど》の最中に行方不明になりそのまま帰ってしまうというのも長期的な成功者によく見られた傾向である。

大袈裟と思うかもしれないが、本当の話だ。

次第に私は運の良い人にはパーティー嫌いが多いことに気づかされた。

「君子の交わりは淡きこと水の如し」とは、的を射ている。

これに対して運の悪い人にはパーティー好きがとても多かった。

長期的な成功者たちとは逆で、
彼らは遅れて参加した上に終了後もダラダラとそのまま残っていたものだ。
「小人の交わりは甘きこと醴《れい》の如し」とは、これまた的を射ている。
ではどちらの人脈が豊富だったかと言えば、
パーティー嫌いの長期的な成功者だった。
心から「もう一度この人と会いたい」と思わせる相手は、
パーティー好きでいつまでもダラダラ残っていた人たちではなく、
パーティー嫌いで孤独をこよなく愛する人ばかりだったのだ。
こういうサンプルを数多く目の当たりにしてくると、
自分ならどちらの人生を歩みたいのかがハッキリと見えてくる。
もちろん私は長期的な成功者のコースを歩みたいと思ったから、
孤独をこよなく愛する人生を歩もうと決断したのは言うまでもない。
原則パーティーはすべて欠席し、
会社で必ず出席しなければならない飲み会に関しては、

1次会のみ顔を出して行方不明になる術を習得した。
事前に駅のコインロッカーに鞄《かばん》を預けておいて、
店を出てからそのまま持ち帰った。
幸い私は読書が好きだったから、
これで楽しい思いをしたことはあっても
寂しい思いをしたことはただの一度もない。
今だから告白するが、
1次会で行方不明になるのは私一人だけではなかったから。

━飲み会に出るより、本を読む。

26

あなたから離れて行った人は、追ってはならない。

20年や30年も生きていれば、
あなたから離れて行く人もいるだろう。
ひょっとしたらあなたは、
離れて行った相手を追いかけたことがあるかもしれない。
虚心坦懐にその時のことを思い出してもらいたい。
あなたから離れて行った相手を追いかけた結果、
あなたの運が悪くならなかっただろうか。
長期的に見れば離れて行った相手を追いかけると、
確実に運気が落ちるのだ。
なぜならあなたから離れて行く相手というのは、
あなたにとって害があるからである。
あなたから離れて行くことであなたを困らせるということは、
あなたにとって運が悪い証拠だろう。
もしそんな運の悪い人間を呼び戻そうとすれば、

確実に不幸になるのは目に見えている。
残ってもらっては困るからこそ、
相手は離れて行ってくれるのだ。
これは会社経営でも同じで、
一度辞表を出した人間を説得すべきではない。
そんなことをすれば相手はつけ上がり、
口に出すかどうかは別として
「自分は仕方なくこんなところに居てやっている」という態度を取るようになる。
何十年も会社を経営してきた人たちに対して、
「もしこれまで辞めていった社員たちでもう一度会社を創ったら、
今頃どうなっていますか？」と聞いたことがある。
異口同音に「ゾッとする」と苦笑いしていた。
つまりあなたから離れて行った相手というのは、
自然の摂理に則って正しいことをしてくれているのだ。

相手の立場になって考えてみると、
あなたから離れて行く相手にとってもあなたは運の悪い存在なのだ。

相手が幸せになるためには、あなたが邪魔なのだ。

あなたが幸せになるためにも、相手は邪魔なのと同じだ。

相手には相手の人生があり、あなたにはあなたの人生がある。

だからいずれにせよあなたから離れて行く相手を追いかけるのは、とても愚かな行為だと言える。

この法則を知っておくだけで、生きるのがとても楽になるはずだ。

離れて行く相手を追いかけないだけで、あなたの運気が急上昇するのだから。

あなたの運気が急上昇すると、また別の出逢いが必ず訪れると囁《ささや》いておこう。

離れて行く相手を追いかけないだけで、あなたの運気は急上昇する。

27

旧友に会いたくなったら、運気が落ちてきた証拠。

あなたの運気が落ちてきたかどうかのとてもわかりやすいバロメーターがある。
それは旧友に会いたくなるかどうかである。
無性に旧友に会いたくなったら、あなたの運気は確実に落ちている。
なぜなら人は人生が上手くいかないと、
必ず過去の楽しかった思い出にすがりたくなる生き物だからである。
同窓会の常連で成功している人は一人もいないだろう。
それは当たり前の話だ。
同窓会という旧友の集まりを毎回楽しみにしているということは、
新しい出逢いが何もないということであり、
何も成長していない証拠だからである。
日々成長している人間は、常に未来を見ているものだ。
そして成功者は新しい一流の世界で、
一流の出逢いも次々に訪れる。
だから過去に浸《ひた》るという発想自体が、

そもそも彼らの頭の中には存在しないのだ。

同窓会を生き甲斐にしている人には到底理解できないかもしれないが、上司や取引先の愚痴、あるいは家族の話といったスケールの小さな話は寿命の無駄遣いだと考えている人もこの世にはいるのだ。

たとえば同窓会の常連が上司や取引先の愚痴で盛り上がったとしよう。成功者にとってこんな話題は退屈極まりない。

なぜなら成功者は上司や取引先の社長側の人間であり、愚痴を言う側ではなく、愚痴を言われる側の人間だからである。

何やら自分の会社の窓際族の話を一緒になって聞かされているようで、大きな違和感を抱くのだ。

ある大物作家が美容室に出かけた際に、
無知蒙昧《もうまい》な美容師からくだらない話をされて、

「ここは自分のいる場所ではない」と瞬時に悟ったという。

私はこの気持ちが痛いほどよくわかる。

美容室に限らず、寿司屋など飲食店でも
政治家や成功者の悪口で客と盛り上がっている店は、
「ここは自分のいる場所ではない」と痛感する。
私はその政治家や成功者の信者でもなければファンでもない。
だが少なくともそこで愚痴を言っている側ではなく、
愚痴を言われる側の人間である。
「ここは自分の居場所ではない」と感じるのは、
とても大切な感性だと私は思う。

違和感は絶対、必ず、100%正しい。

28

本気で人脈の質を上げたければ、交流会に参加するより勉強する。

すでに述べた通り出逢い運を上げたければ、
パーティーに参加するのは愚の骨頂である。
何よりも時間の無駄だし、
一流の人はそもそもパーティーになんか参加していないからだ。
では一流の人は何をしているかと言えば、
最愛の人と過ごしているか勉強しているかのいずれかである。
その他大勢とくだらない話をして寿命をドブに捨てているのではなく、
地球上でたった一人のかけがえのない人と愛し合っているか、
クラシックを聴きながら本を読んで孤独の時間を満喫しているのだ。
なぜならそれが最も人間にとって有意義な寿命の使い方だし、
出逢い運を上げるための最高の方法だからである。

どうしてパーティーに参加すると出逢い運が下がるのか。
それはパーティーに参加する人は三流ばかりだから、
三流同士の会話しかできないからである。

三流同士の会話は愚痴・悪口・噂話で埋め尽くされているから、あなたも一緒になって三流の世界に巻き込まれてしまうのだ。

人脈交流会の類もこれと同じである。

一流の人はわざわざ人脈交流会に参加などしない。

自分の魅力がないからお金と時間を犠牲にして、お手軽に人脈交流会で出逢いを求めているのだ。

当然他の参加者も同様の理由で参加しており、どいつもこいつも冴えない顔ぶればかりである。

では一流の人間はどのように出逢い運を高めているのか。

ひたすら自分を磨き込み、

今いる土俵で圧倒的な実績を叩き出そうとしているのだ。

そうすれば今の時代は同じく一流の人間からお声がかかる。

その他大勢としてではなく、

一流の人が自らピンであなたを指名してくる。

これは恋愛でも同じだと思う。
本物の男女の運命の出逢いとは、
お互いに他者と比較する相対的なものではないだろう。
出逢った瞬間に一点突破主義でビビッ！とくる、
お互いに絶対的なものであるはずだ。
こういう運命の出逢いは、
自分を磨き込んでいなければ永遠に訪れないのだ。

三流にかかわればかかわるほど、
運から遠ざかる。

29

つけ上がってきた相手には、泣き寝入りしない。

運の良い人と聞くと、
絶対に怒らない温和な人というイメージがある。
だが運の良い人は、
表面上はともかく内面的には泣き寝入りしない人が圧倒的に多い。
たとえばホテルのラウンジやレストランでつけ上がった店員がいる場合には、
すぐさまマネージャーを呼びつけてきちんと伝えるべきことは伝える。
もちろん敬語で伝えるが、
遠回しな婉曲《えんきょく》的表現ではなくストレートにクレームを伝える。
あるいはつけ上がったタクシー運転手に遭遇《そうぐう》したら、
そのタクシー会社だけではなく、
上の組織である管轄《かんかつ》の陸運局やタクシーセンターにきちんとクレームを伝える。
これらは運の良い人がそれらの職業を見下しているからそうするのではない。
その逆である。
それらの業界の躾《しつけ》・マナーを向上させて、

今よりも地位を上げたいと思っているのだ。

多くの人たちはつけ上がった相手に対して妙にお利口《りこう》さんになって、「仕方がない」と泣き寝入りする。

だがそれではいつまで経っても世の中は良くならないし、「これでいい」と勘違いした人間が我が国の水準を日々刻々と下げ続けるのだ。

ここ最近、お金の力が弱くなっている。

都内のコンビニのアルバイトの時給は随分《ずいぶん》跳《は》ね上がっているが、それでも人がなかなか集まらない。

それだけ働かなくても生活できるニートが増えている証拠であり、もっと時給が安くて楽な仕事でも生きていくことができるのだ。

加えて現在は学校の教師に対する監視の目も厳しくなっており、少し厳しく叱るだけで問題に発展することも少なくない。

これではつけ上がった人間が量産されるのは想像に難《かた》くない。

教育は主に「家庭」「学校」「社会」で行われるが、

「家庭」と「学校」はすでに体を成していない。
つまり「社会」が教育の最後の砦《とりで》となってしまったのだ。
ところが最後の砦である「社会」ですら
○○ハラスメントのオンパレードで叩かれて、
まともに機能しなくなっている。
つまりお客様の声として外部から教育していくしかないのだ。
運の良い人がつけ上がった相手を断固《だんこ》許さないのは、
社会全体を考えているからなのだ。

必ずしも穏やかであるべきではない。
怒るべき時には、怒る。

30

あなたが一番輝ける場所はどこかを常に考える。

あなたが魅力的に見えるためには、
勉強して自分を磨くことである。
ここに議論の余地はない。
だがいくら勉強しても、
あなたが輝ける場所にいなければ魅力的には見えない。
なぜなら人にはそれぞれ勝負すべき土俵があり、
その土俵は人によって違うからである。
たとえばスポーツの土俵でいくら頭が良いことをアピールしたところで、
「別の場所でやってくれよ」と嫌われてしまう。
あるいは頭脳で勝負する土俵で
いくら運動神経の良いことをアピールしたところで、
「それがどうしたの？」と鬱陶《うっとう》しがられてしまう。
どちらが上かという問題ではなく、
自分が輝ける場所を考えろということなのだ。

あなたがモテなかったり友だちがなかなかできなかったりする原因は、
あなたの魅力が不足しているからという理由だけではなく、
あなたが魅力的に見える場所で勝負しないからなのだ。
女性で太っていることを必要以上に気にしている人もいるが、
世の中にはデブフェチの男性が必ず一定数存在する。
デブフェチの男性はスーパーモデルのようなスラリとした女性は
生理的に受け付けず、太った女性しか興味がないのだ。
もしデブが悩みの種である女性がいれば、
デブフェチの男性が集う場所に足繁《あししげ》く通えば確実に出逢い運が高まるだろう。
同様に禿げていることを必要以上に気にしている男性もいるが、
世の中には禿げた人が好きだという女性も一定数存在する。
そういう女性は禿げた男性を見ると、
もうそれだけでキュン！とくるのだ。
もし禿げが悩みの種である男性がいれば、

禿げが好きな女性を紹介してもらえば確実に出逢い運が高まるだろう。

私はこれまでに本当に数多くの出逢い運に恵まれてきたと感謝しているが、その最大の理由は私が一番輝ける場所に居続けたからだと確信している。

昔から私は拍子《ひょうし》抜けするほど負けをあっさりと認めるから、
身近な人からよく笑われた。

だがそれは決して痩せ我慢から私がそうしたのではなく、

「嗚呼《ああ》、ここは自分が輝ける場所ではないな」

とわかって本当に嬉しかったのだ。

人生の迷路を全部塗り潰して、
最後に残った路《みち》が私の輝ける場所だった。

「負け」は、あなたに向いていないという遺伝子の合図。

CHAPTER 3

KEY WORD

あなたが一番輝ける場所はどこかを常に考える。

CHAPTER

4

人生運の磨き方

「一日一運」を

積み立てると、

幸福が利息付で引き出せる。

31

長期的な成功者たちの共通点は、10代の頃が地獄だったこと。

人生がつくづく面白いと思うのは、
長期的な成功者たちの10代の頃は全員地獄だったということだ。
いちいち口外《こうがい》しない人も多いから、
こんな事実は表には出ないのが普通だ。
しかし彼らは一度気を許してこちらに胸襟《きょうきん》を開くと、
自分の10代を涙あり笑いありで語ってくれる人たちばかりだった。
もちろん現在成功しているからこそ笑って話せたのだろうが、
中には「本当に悲惨《ひさん》だな」と思ってしまうエピソードの持ち主もいたものだ。
まるで童話『みにくいアヒルの子』のようだが、
まだ成長過程にある段階では何もかも上手くいかない人こそ、
将来有望な成功者予備軍なのかもしれない。
理由は様々あるだろうが、
10代という多感な時期に喜怒哀楽の振《ふ》れ幅《はば》を大きくしておくことで
その人のキャパも大きくなるからではないだろうか。

人は仮に同じ経験をしても、
10代の感じ方と20代の感じ方ではまるで違う。
ましてや10代の感じ方と30代や40代の感じ方はもっと違うだろう。
これは若い頃というのはそれだけ人生経験が浅いからだろうが、
だからこそ10代で様々な喜怒哀楽を経験しておくことが大切なのだ。
よくエリートたちが「あの大学受験の苦労に比べたら…」
とインタビューで語ることがある。
だが彼らはその後の人生で、
大学受験よりも桁違《けたちが》いに辛くて苦労したこともあるはずだ。
それにもかかわらず大学受験の思い出を語るということは、
10代の頃の苦労がいかに記憶に深く刻まれ、
それがいかに大切なものなのかを物語っているのではないだろうか。
私自身の10代を振り返ってみても、
何もかもが思い通りにいかずに悲惨だったと思う。

あえて「…だったと思う。」と表現したのは、
私が出逢ってきた成功者たちの10代と比べたら、
私の10代の悲惨さなんて申し訳ないと思えるくらいに
スケールが小さいと感じるからだ。

私の場合は10代↓20代↓30代…と、
どんどん人生が好転してきたという実感がある。
正確に表現すると、10代や20代の頃に遠回りした分だけ30代半ば以降では
すべてが有機的に繋がって収穫できるようになったという感じだ。
もし現在あなたが地獄だと感じているのであれば、
きっと将来の種蒔きの時期なのだ。

自分は自分。人は人。
粛々と、種を蒔き続けよう。

32

「急がば回れ」というパラドックスを、じっくりと味わう。

「善は急げ」という諺《ことわざ》がある。
私自身これで人生を大幅に好転させてきたし、
今もそうだと思っている。
スピードと運は切っても切れない関係があるのは間違いない。
ところがこれがまた人生の味わい深いところなのだが、
「善は急げ」を貫《つらぬ》き通しているだけでは大失敗が続くこともある。
その場合には「急がば回れ」という諺があることを思い出せばいい。
「急いでいるのに回り道しろとはどういうことか？」と思うかもしれないが、
もちろんこれはパラドックスであり、
一見すると矛盾しているように思えるが、
少し人生経験を積むと見事にこの世の真理を突いていると気づかされる。
急いでいる時こそ、
近道ではなく慎重《しんちょう》に王道を歩むこともまた人生では大切なのだ。
「善は急げ」と「急がば回れ」の

一体どちらが正しいのかとあなたは迷うかもしれない。
結論を言うと、どちらも正しいのだ。
どちらも正しいが、どちらか一方に偏《かたよ》ることが間違いなのだ。
自然の摂理は「無常」であり、
常ではなく「このままでいつまでも安心」という定まりはないのだ。
正解は人・場所・時が変われば、常に変わるのだ。
唯一変わらないことがあるとするならば、
変わり続けるという自然の摂理が変わらないということくらいである。
だから「善は急げ」で人生に行き詰まったら、
あっさりそれを捨てて「急がば回れ」に切り替えるべきだ。
あるいは両者を一体化させて、
「善は急げ」で果敢《かかん》にチャンスに飛びついておきながら、
いざ実行に移す場合には「急がば回れ」で慎重になることも必要だろう。
私自身は日常でも「善は急げ」と「急がば回れ」を臨機応変《りんきおうへん》に使い分けている。

もし私の運が良いのであれば、
それはこの臨機応変さにも理由がありそうだ。

昔から一度道を決めたら全力で突っ走るタイプだったが、
同時に「これはアカン！」と気づいたら
何の未練もなくあっさりとこれまでの執着を捨てるタイプでもあった。
これまで私が出逢ってきた長期的な成功者たちが異口同音に語っていたのは、
とりわけ40代以降は「急がば回れ」を意識したほうが
人生は上手くいくことが多いということだった。

信念は、堂々と曲げていい。

33

苦労して成功した人は、偽物の成功者。

経営コンサルタント時代にはなかなか口に出しては言えなかった真実がある。
それは苦労して成功した人は、
偽物《にせもの》の成功者だということだ。
この真実は私とごく親しい経営コンサルタントたちの間では、
半ば常識として語られていたものだ。
私自身は経営コンサルタントとしてごく親しい顧問先の社長には、
「社長、こんなにも苦労しているということは、この道は間違っているということですよ」とストレートに伝えてきた。
中には「こんなに苦労してきたのに、今さら間違っているとは何事か！」と
烈火《れっか》の如く怒り出す社長もいたが、きちんと話せば全員理解してくれたものだ。
しばらくすると全幅《ぜんぷく》の信頼を私に寄せてくれるようになった。
私のコンサルティング・スタイルのベースは「素質論」にあり、
苦労するということは才能がないということであり、
苦労を感じない場所で活躍すべきであると考えていた。

才能がなければ他人の何倍も苦労しても人並にすら届かないのに対して、
才能があれば他人の数分の一の努力で人並み以上の結果を楽々出せる。
前者は苦労人だが嫉妬深くて縦ジワの多い顔をしており、
概して運が悪い。
縦ジワが多いと人に嫌われるから、人もお金も離れて行く。
人とお金が離れて行くと、
ますます性格が悪くなるから縦ジワが増える。
こうして負のスパイラル人生に突入するのだ。
後者はいつも楽しそうで横ジワの多い顔をしており、
概して運が良い。
横ジワが多いと人に好かれるから、人もお金も集まってくる。
人とお金が集まってくると、
ますます性格が良くなるから横ジワが増える。
こうして正のスパイラル人生に突入するのだ。

実際には後者の人々は他人の半分の努力で人並以上の結果を楽々出せる土俵で、さらに他人の何倍も楽しそうに努力していたものだ。

つまり後者の人々は雪だるま式にどんどん成功して、さらに人生が好転し続けるのだ。

両者の差は宇宙の拡張現象の如く、日々ものすごい勢いで拡がり続ける。

私自身の人生でもこれをふんだんに活かし、

「ん？ 今俺は苦労しているぞ」と少しでも感じたら軌道修正《きどう》をまめに行ってきた。

その結果、今、ここにいる。

苦労しているという違和感を無視して頑張りつづけない。

34

運の良い人は、ギャンブルが弱い。

これを言うとギャンブル好きから叱《しか》られそうだが、
ギャンブル好きには運の悪い人間が本当に多い。
ギャンブル好きに限らず、
酒とたばこが絡《から》んでくる場所は概して運が悪いものだ。
あなたの周囲を虚心坦懐に観察してみれば、
これはほぼ当てはまるだろう。

私は物心ついた頃から周囲の大人たちを観察していて、
ギャンブル好きにろくな人間はいないといつも思っていたものだ。
ギャンブルで作った借金をギャンブルで稼いで返済しようと考える輩《やから》もいたが、
彼らは全員揃って現在再起不能の人生を歩んでいる。
一時的に数万円や数十万円を稼いだと騒《さわ》いでいても、
それまでに数百万円や数千万円は損している。
トータルで見れば一軒家が建つくらいのお金を
ギャンブルに注ぎ込んできた人は多いのだ。

ギャンブル脳はアル中と同じで脳の構造がそうなっていると主張する学者もいるから、それはそれでその人の性《さが》なのかもしれない。

ここで私はギャンブル脳患者をいかに治療するのかを語るつもりはない。

私があなたにお伝えしたいのは、

運の良い人はギャンブルが弱いという事実だ。

これはある大富豪から教わった法則なのだが、

彼自身もギャンブルが滅法《めっぽう》弱いらしい。

年に何度かギャンブルをたしなむらしいが、

連戦連敗と本人は笑っていた。

経営コンサルタント時代の私は、

この法則を出逢う人すべてに当てはめて検証してみた。

すると9割以上の確率で見事に的中したものだ。

長期的な成功者たちはギャンブルをしないかたしなむ程度だが、

いずれもその理由は「自分はギャンブルが弱いから」ということだった。

そのたびに私は運の良い人たちがなぜギャンブルに弱いのかを考えてきた。
ついでに長期的な成功者たちに、
「どうしてあなたはギャンブルが弱いのですか？」と直接聞いてきた。
それらの知恵と情報を総動員した結果、
現時点での私なりの正解はこうなる。
運の良い人はギャンブルに不向きに生まれることで、
ギャンブルに深く関わらないから本業に没頭できるわけだが、
それがまた運の良い証《あかし》でもある。
運の悪い人は人生で敗北しているから、
せめてギャンブルでは勝ちたいとハマるのだ。

運の良い人の人生にギャンブルは必要ない。

35

運の良い人は、睡眠を人生の中心に据えている。

もしあなたが長期的に運を良くしたければ、
睡眠に対する考え方を一変させることだ。
生命にとって睡眠というのは生きるために欠かせない要《かなめ》であり、
ここを外したら人生の歯車がすべて狂い始めることを知っておくことだ。
人は主に睡眠中に記憶が整理整頓されるし、
病気やケガも治癒《ちゆ》される。
もし勉強したことを効率良く記憶したければ、
とにかくよく眠ることが大切だ。
眠らないことにはインプットできないからだ。
病気やケガで医者に診《み》てもらっても、
実際にあなたの身体を治癒するのは薬ではない。
薬は治癒の補助に過ぎず、
あくまでも治癒の主体はあなたの身体なのだ。
あなたの身体の免疫力《めんえきりょく》を高めておくことで、

病気やケガは効率的に治癒されるのだ。
免疫力を高めるためには、十分な睡眠が不可欠である。
以上のことから、人生のオマケとして睡眠があるのではなく、
睡眠は人生の中心にあるということがわかってもらえたと思う。
私が睡眠の大切さを痛感させられたきっかけは、自分の父親だ。
私の父はちょうど私が高校受験の時に脱サラした。
サラリーマン時代の父は慢性《まんせい》的な睡眠不足でいつもピリピリしており、
運の悪い人間の典型だった。
何をやっても上手くいかないし、ギャンブルも大好きだった。
ギャンブルで負けたら家族に当たり散らし、
子どもの財布からこっそりお金を盗む。
「こんな人間が会社を辞めてやっていけるのか？」
と子どもながらに心配していたが、
脱サラ後の父はまるで別人に豹変《ひょうへん》した。

サラリーマン時代の遅寝遅起きから一変し、徹底して早寝早起きになった。
高校時代の私は父が朝寝ている姿を一度も見たことがない。
寝る間を惜しんで夜明けまで働いていたのではなく、
猛烈に働いて、猛烈に早く寝て、猛烈に早く起きていたのだ。
ふと気づいたら、あれだけ狂っていたギャンブルとは無縁の人間になっていた。
その結果として父は運の塊《かたまり》のような人間になってしまったのだ。
早寝早起きと睡眠の大切さは、
私が父から教わった中でも最高の生き様であり、
最高の教育だったと深く感謝している。

運気が落ちてきたと思ったら、
とりあえずよく眠ることで人生を仕切り直すことだ。

悩んだらつべこべ言わず、寝る。

36

運の良い人は、健康オタク比率が高い。

一般に経営者には健康オタクが多い。
私が勤務していた経営コンサルティング会社の創業者も健康オタクで、
最終的にはその方面の事業に注力していたくらいだ。
経営者向けセミナー会場でも
出展ブースに高価な健康食品やグッズがあると、
経営者が殺到して飛ぶように売れていた。
最初の頃は「よくあんなに高価な商品をまとめ買いするよな」
と半分呆れかえっていたものだが、
次第に私はこういう姿勢が大切であると教わった。
経営者と言えば、たいていはその会社で一番の強運の持ち主である。
そうでなければ経営者など務まる仕事ではないからである。
彼らのような運の良い人たちの習性を観察し、
そこから学ぶ姿勢は人生において決して無駄にはならないはずだ。
これまでに私が出逢ってきた人たちを思い返してみても、

運の良い人には健康オタクが明らかに多かったように思う。
さらに言えば生まれつき虚弱《きょじゃく》体質だったり病気がちだったりする人が多く、
だからこそ健康に人一倍強い関心を寄せていたのだろう。
生まれつき虚弱体質だったり病気がちだったりするのは、
必ずしも不幸なことではない。
むしろ虚弱体質や病気が成功のきっかけになることもあるのだ。
よく知られる例としては松下幸之助がいる。
彼は世界的な成功者だが、
もともと虚弱体質で幼い頃から病気がちで何度も死にかけている。
健康には細心の注意を払っていたものの、
やはり体が弱かったから人に任せるしかなく、
組織を大きく育てていった結果として世界的大企業に発展したと言われている。
それでも彼は94歳まで生きて長寿をまっとうしたところを見ると、
きっと健康オタクだったのだろう。

生まれつきの健康と寿命は必ずしも一致しないのだ。
いくら生まれつき強靭《きょうじん》な肉体でも、
体を乱暴に酷使《こくし》すれば急死してしまうこともある。
いくら生まれつき虚弱体質でも、
体を大切に扱えば長生きできることもある。
身体を大切にするという意味では、
むしろ虚弱体質に生まれたほうが運は良いと言えるのかもしれない。

人生は、身体が資本。

37

運の良い人は、善行を死ぬまで隠し通す。

善行は人の見えない場所ですべきであることはすでに述べた通りだが、
ここではさらに詳しく注意点を述べておきたい。

なぜなら善行をいかに積むのかは、

あなたの運の良し悪しを左右するからである。

結論としては、

本気で運を高めたければ善行は死ぬまで隠し通すつもりでいることだ。

善行が見つかった瞬間、

あなたの運気の上昇はストップすると考えるとわかりやすい。

あなたが善行をした事実は、あなたの心だけが知っている状態がベストである。

そして善行をする際には周囲をさっと見渡して、

誰も見ていないことを確認することが望ましい。

これを習慣化しておくと、

確実にあなたの運気が上昇し始めることをお約束する。

人知れず善行を積むと運が良くなる理由はいくつかある。

まず、善行を積むことであなたの表情が見る見る良くなるからである。
怒った顔で善行を積む人はいないはずであり、
誰でも清々しい顔で善行を積むはずだ。
日々の表情があなたの顔を創るから、
良い表情になれば人とお金が集まりやすいというわけだ。
次に、誰にも知られないよう細心の注意を払って孤独に善行を積むので、
優しさの中に凛々《りり》しさが芽生えてくるのだ。
この相矛盾する魅力を同時に含んだ状態が、
ちょうどいい塩梅《あんばい》であなたの魅力を発するというわけだ。
最後に、どんなにあなたが必死で善行を隠し通しても、
長い人生でうっかり見つかってしまうこともある。
すると周囲のあなたに対する評価は一気に急上昇し、
称賛の嵐を浴びるというわけだ。
ここで大切なことは本当に〝うっかり〟見つかってしまった点であり、

あなたに少しでもスケベ心があってはならない。
自分としては隠していたのに見つかってしまった場合は、
自然に任せて正直に評価され、
また人知れず善行を粛々と積み上げればいい。
善行は死ぬまで隠し通すつもりですることの重要性を、
ご理解いただけたかと思う。
ついでに運が悪くなりたければ、この反対を習慣にすればいい。
誰かが見ていることを念入りに確認してから善行をして、
評価されなければふて腐れる。
これを繰り返していれば、間違いなくどんどん運を悪くすることができるだろう。

人知れず、善行を積む。

38

運の良い人は、自分の才能のスケールを正確に把握している。

究極に運の良い状態というのは、
あなたがあなたとして最高に輝いている状態だ。

これはどういうことかと言えば、
ひまわりはひまわりとして、
朝顔は朝顔として咲けば一番輝けるということだ。
ひまわりが必死に努力して朝顔を目指しても幸せになれないし、
朝顔が必死に努力してひまわりを目指しても幸せになれない。

会社経営もこれと同じで、
中小の器の社長は中小企業の経営者として、
大の器の社長は大企業の経営者として生きれば、
それがお互いに一番輝けるということなのだ。
中小の器の人材が苦労して大企業の経営者を目指しても幸せにはなれないし、
大の器の人材が中小企業の経営者に甘んじていても幸せにはなれないのだ。

世界一の投資王であるウォーレン・バフェットはこう述べている。

「大切なことは自分の能力の輪を大きくすることではない。自分の能力の輪がどこまでなのかを厳密に把握することだ」

ウォーレン・バフェットは自分の才能の限界を正確に把握しており、そこから外に出て戦うようなことは断じてしないのだ。

これは運の良さを継続させるためには極めて重要な約束事である。

なぜなら私がこれまでに出逢ってきた長期的な成功者たちも、自分の才能のスケールを正確に把握しており、それを超えるような戦い方は断じてしなかったという点において見事に一致しているからだ。

私の知る限り長期的な成功者たちは、揃いも揃ってかなりの臆病者《おくびょうもの》だったと言っていい。

臆病者と言うと聞こえはあまり良くないが、

慎重《しんちょう》で頭が良いということである。

慎重で頭が良いから、猪突猛進《ちょとつもうしん》で愚《おろ》かな行動は絶対にしない。

常に自分の分を正確に把握し、その上で相手の力量を正確に見極める。

さすがに人生において１００％ということはあり得ないが、少なくとも自分で勝てない理由が見つからない状態にはしておく。

私自身の人生を振り返ってみても、人生の節目においてはかなり臆病者だった。

慎重に自分の実力を把握しようと努めたし、競合の実力も念入りに調べ上げた。

たとえどんなにしくじってもトップ集団の下限に食い込めるレベルでなければ、断じて勝負すべきではないと考えていたからだ。

運の良い人は堂々と才能の話をするし、自分の才能のスケールを正確に把握している。

臆病者は負けを是が非でも回避したい。
だから、成功する。

39

運の良い人は、何度でも地獄から這い上がってくる。

その人が本当に運の良い人かどうかは順風満帆な時にはわかりにくい。
なぜなら運の良さはその人が調子の良い時ではなく、
その人が調子の悪い時に露呈《ろてい》するからである。
本当に運の良い人は地獄のどん底にいても、決してふて腐れない。
たとえ投獄《とうごく》されていても、入院中のベッドの上でも、
ボロアパートで居候《いそうろう》していても、淡々と成すべきことを成している。
そして必ず地獄のどん底から這《は》い上がってくる。
それはまるで神風が吹いて押し上げられるかのように、である。
これまでに私が出逢ってきた長期的な成功者たちも、
例外なく地獄のどん底を経験していたものだ。
そしてこれまた例外なく地獄のどん底から這い上がってきた
経験者ばかりだった。
投獄・大病・浪人は大物になるための条件だと言われるくらいだが、
これは本当の話だ。

それら三つとも経験している人もいた。たいていは最低でも一つ経験し、二つ経験している豪傑《ごうけつ》もいたし、そこから這い上がってきた人々だった。

たとえば長期的な成功者たちには大病を患《わずら》った経験者がとても多かったのだが、彼らは何度でも退院し、退院するたびに運気を上昇させていたように思う。

そのうちの一人は私がお見舞いに行くと、

「入院すると休み放題だし読書もできるから、千田君もぜひ入院してみるといいよ」と満面の笑みで話してくれた。

見舞いに行った私が、逆に元気をもらったくらいである。

もちろんその人は70歳目前の今でも現役で複数の会社経営に携《たずさ》わっているし、趣味で企業再生とエンジェル投資家もしてイキイキとしている。

そうした長期的な成功者たちを目の当たりにすると気づかされるのだ。

運の良い人とは一度も地獄を経験しない人ではなく、何度地獄を経験してもそのたびに這い上がってくる人だということに。

彼らとスケールは違うが、
今から振り返れば私自身もこれまでに何度か地獄を経験した。
だがふて腐れることなく成すべきことを成していれば、
必ず這い上がれることはすでに知っていたから、
「這い上がってからが楽しみだ」と思って生きてこられた。
まさに捲土重来《けんどちょうらい》の精神で、
心から楽しみながら地獄をしゃぶり尽くすことができたのだ。
どんなに致命的な失敗をやらかしても、
ふて腐れさえしなければ人生にはあとがあるのだ。

━どん底時代は、成功のジャンプ台。

40

運の良い人は、自然の摂理に従う。

あなたはとても急いでいたとしよう。

走って玄関から飛び出した途端、ブチッと靴の紐《ひも》が切れてしまった。

さて、あなたはここでどうするだろうか。

「遅刻は厳禁だから、何とかそのまま走って電車に飛び乗るべし」といった、優等生の模範解答も確かに一理ある。

この模範解答は、反論の余地がない正論である。

だが正しいことをしたからと言って、必ずしもあなたが幸せになるとは限らない。

あなたもこれまでにせっかく正しいことをしたにもかかわらず、それが不幸の始まりになってしまったという経験はないだろうか。

私には数え切れないほどそうした経験がある。

そのたびに私は「せっかく正しいことをしたのに、なぜこうなってしまったのか…」を真剣に考え続けた。

その結果明らかになったことがある。

せっかく正しいことをしたのにそれが裏目に出た時は、
必ずと言っていいほどその前に
靴の紐が切れるような出来事が起こっていたのだ。

急いでいるのに渋滞《じゅうたい》に巻き込まれてしまった。
せっかくのデートがドタキャンされてしまった。
ホテルがオーバーブッキングになってしまった。
これらは単発で見るといずれも運の悪い出来事のように思える。
ところがもう少し長いスパンで見ると、
まるで解釈が変わってくることもあるのだ。
空港に向かう途中で大渋滞に巻き込まれてしまったため、
予定の飛行機に間に合わずに搭乗《とうじょう》できなかったが、
その搭乗予定だった飛行機が墜落《ついらく》した。
デートがドタキャンされて仕方なく書店に寄って立ち読みしたところ、
運命のひと言に出逢ってそれが上場企業創業のきっかけになった。

ホテルがオーバーブッキングになって別のホテルに宿泊し、
部屋でテレビを見ていたら、
最初に宿泊予定だったホテルが大火災に遭ったというニュースが流れた。
以上は架空の話ではなく、すべて実話に基づいている。

運の良い人は、善悪を超越した自然の摂理にも耳を傾けるのだ。

もし不自然に靴の紐が切れたら、
それはきっと神様からあなたへのメッセージである。

"What happened is always best."

CHAPTER 4

KEY WORD

ふて腐れなければ、人生は何とかなる。

Shutterstock.com/Brasiliao

淡々と、
粛々と、
飄々と。

千田琢哉著作リスト

(2018年2月現在)

アイバス出版

『一生トップで駆け抜けつづけるために20代で身につけたい勉強の技法』

『一生イノベーションを起こしつづけるビジネスパーソンになるために20代で身につけたい読書の技法』

『1日に10冊の本を読み3日で1冊の本を書く ボクのインプット＆アウトプット法』

『お金の9割は意欲とセンスだ』

あさ出版

『この悲惨な世の中でくじけないために20代で大切にしたい80のこと』

『30代で逆転する人、失速する人』

『君にはもうそんなことをしている時間は残されていない』

『あの人と一緒にいられる時間はもうそんなに長くない』

『印税で1億円稼ぐ』

『年収1,000万円に届く人、届かない人、超える人』

『いつだってマンガが人生の教科書だった』

朝日新聞出版

『仕事の答えは、すべて「童話」が教えてくれる。』

海竜社

『本音でシンプルに生きる!』

『誰よりもたくさん挑み、誰よりもたくさん負けろ!』

『一流の人生 ― 人間性は仕事で磨け!』

『大好きなことで、食べていく方法を教えよう。』

学研プラス

『たった2分で凹みから立ち直る本』

『たった2分で、決断できる。』

『たった2分で、やる気を上げる本。』

『たった2分で、道は開ける。』

『たった2分で、自分を変える本。』

『たった2分で、自分を磨く。』

『たった2分で、夢を叶える本。』

『たった2分で、怒りを乗り越える本。』

『たった2分で、自信を手に入れる本。』

『私たちの人生の目的は終わりなき成長である』

『たった2分で、勇気を取り戻す本。』

『今日が、人生最後の日だったら。』

『たった2分で、自分を超える本。』

『現状を破壊するには、「ぬるま湯」を飛び出さなければならない。』

『人生の勝負は、朝で決まる。』

『集中力を磨くと、人生に何が起こるのか?』

『大切なことは、「好き嫌い」で決めろ!』

『20代で身につけるべき「本当の教養」を教えよう。』

『残業ゼロで年収を上げたければ、まず「住むところ」を変えろ!』

『20代で知っておくべき「歴史の使い方」を教えよう。』

『「仕事が速い」から早く帰れるのではない。「早く帰る」から仕事が速くなるのだ。』

『20代で人生が開ける「最高の語彙力」を教えよう。』

KADOKAWA

『君の眠れる才能を呼び覚ます50の習慣』

『戦う君と読む33の言葉』

かんき出版

『死ぬまで仕事に困らないために20代で出逢っておきたい100の言葉』

『人生を最高に楽しむために20代で使ってはいけない100の言葉』

かんき出版
DVD『20代につけておかなければいけない力』

『20代で群れから抜け出すために顰蹙を買っても口にしておきたい100の言葉』

『20代の心構えが奇跡を生む【CD付き】』

きこ書房
『20代で伸びる人、沈む人』

『伸びる30代は、20代の頃より叱られる』

『仕事で悩んでいるあなたへ 経営コンサルタントから50の回答』

技術評論社
『顧客が倍増する魔法のハガキ術』

KKベストセラーズ
『20代　仕事に躓いた時に読む本』

『チャンスを掴める人はここが違う』

廣済堂出版
『はじめて部下ができたときに読む本』

『「今」を変えるためにできること』

『「特別な人」と出逢うために』

『「不自由」からの脱出』

『もし君が、そのことについて悩んでいるのなら』

『その「ひと言」は、言ってはいけない』

『稼ぐ男の身のまわり』

『「振り回されない」ための60の方法』

『お金の法則』

実務教育出版
『ヒツジで終わる習慣、ライオンに変わる決断』

秀和システム
『将来の希望ゼロでもチカラがみなぎってくる63の気づき』

新日本保険新聞社
『勝つ保険代理店は、ここが違う!』

すばる舎
『今から、ふたりで「5年後のキミ」について話をしよう。』

『「どうせ変われない」とあなたが思うのは、「ありのままの自分」を受け容れたくないからだ』

星海社
『「やめること」からはじめなさい』

『「あたりまえ」からはじめなさい』

『「デキるふり」からはじめなさい』

青春出版社
『どこでも生きていける 100年つづく仕事の習慣』

『「今いる場所」で最高の成果が上げられる100の言葉』

『本気で勝ちたい人は やってはいけない』

『僕はこうして運を磨いてきた』

総合法令出版
『20代のうちに知っておきたい お金のルール38』

『筋トレをする人は、なぜ、仕事で結果を出せるのか?』

『お金を稼ぐ人は、なぜ、筋トレをしているのか?』

『さあ、最高の旅に出かけよう』

『超一流は、なぜ、デスクがキレイなのか?』

『超一流は、なぜ、食事にこだわるのか?』

『超一流の謝り方』

千田琢哉著作リスト

（2018年2月現在）

総合法令出版
『自分を変える 睡眠のルール』
『ムダの片づけ方』
『どんな問題も解決する すごい質問』
『成功する人は、なぜ、墓参りを欠かさないのか？』
『成功する人は、なぜ、占いをするのか？』
『超一流は、なぜ、靴磨きを欠かさないのか？』

ソフトバンク クリエイティブ
『人生でいちばん差がつく20代に気づいておきたいたった1つのこと』
『本物の自信を手に入れるシンプルな生き方を教えよう。』

ダイヤモンド社
『出世の教科書』

大和書房
『20代のうちに会っておくべき35人のひと』
『30代で頭角を現す69の習慣』
『人生を変える時間術』
『やめた人から成功する。』
『孤独になれば、道は拓ける。』

宝島社
『死ぬまで悔いのない生き方をする45の言葉』
〈共著〉『20代でやっておきたい50の習慣』
『結局、仕事は気くばり』
『仕事がつらい時 元気になれる100の言葉』
『本を読んだ人だけがどんな時代も生き抜くことができる』
『本を読んだ人だけがどんな時代も稼ぐことができる』
『1秒で差がつく仕事の心得』
『仕事で「もうダメだ！」と思ったら最後に読む本』

ディスカヴァー・トゥエンティワン
『転職1年目の仕事術』

徳間書店
『一度、手に入れたら一生モノの幸運をつかむ50の習慣』
『想いがかなう、話し方』
『君は、奇跡を起こす準備ができているか。』
『非常識な休日が、人生を決める。』
『超一流のマインドフルネス』

永岡書店
『就活で君を光らせる84の言葉』

ナナ・コーポレート・コミュニケーション
『15歳からはじめる成功哲学』

日本実業出版社
『「あなたから保険に入りたい」とお客様が殺到する保険代理店』
『社長！この「直言」が聴けますか？』
『こんなコンサルタントが会社をダメにする！』
『20代の勉強力で人生の伸びしろは決まる』
『人生で大切なことは、すべて「書店」で買える。』
『ギリギリまで動けない君の背中を押す言葉』
『あなたが落ちぶれたとき手を差しのべてくれる人は、友人ではない。』

日本文芸社
『何となく20代を過ごしてしまった人が30代で変わるための100の言葉』

ぱる出版

『学校で教わらなかった20代の辞書』

『教科書に載っていなかった20代の哲学』

『30代から輝きたい人が、20代で身につけておきたい「大人の流儀」』

『不器用でも愛される「自分ブランド」を磨く50の言葉』

『人生って、それに早く気づいた者勝ちなんだ!』

『挫折を乗り越えた人だけが口癖にする言葉』

『常識を破る勇気が道をひらく』

『読書をお金に換える技術』

『人生って、早く夢中になった者勝ちなんだ!』

『人生を愉快にする! 超・ロジカル思考』

『こんな大人になりたい!』

『器の大きい人は、人の見ていない時に真価を発揮する。』

PHP研究所

『「その他大勢のダメ社員」にならないために20代で知っておきたい100の言葉』

『好きなことだけして生きていけ』

『お金と人を引き寄せる50の法則』

『人と比べないで生きていけ』

『たった1人との出逢いで人生が変わる人、10000人と出逢っても何も起きない人』

『友だちをつくるな』

『バカなのにできるやつ、賢いのにできないやつ』

『持たないヤツほど、成功する!』

『その他大勢から抜け出し、超一流になるために知っておくべきこと』

『図解「好きなこと」で夢をかなえる』

『仕事力をグーンと伸ばす20代の教科書』

『君のスキルは、お金になる』

『もう一度、仕事で会いたくなる人。』

藤田聖人

『学校は負けに行く場所。』

『偏差値30からの企画塾』

『「このまま人生終わっちゃうの?」と諦めかけた時に向き合う本。』

マネジメント社

『継続的に売れるセールスパーソンの行動特性88』

『存続社長と潰す社長』

『尊敬される保険代理店』

三笠書房

『「大学時代」自分のために絶対やっておきたいこと』

『人は、恋愛でこそ磨かれる』

『仕事は好かれた分だけ、お金になる。』

『1万人との対話でわかった 人生が変わる100の口ぐせ』

『30歳になるまでに、「いい人」をやめなさい!』

リベラル社

『人生の9割は出逢いで決まる』

『「すぐやる」力で差をつけろ』

千田琢哉
（せんだ・たくや）

文筆家。愛知県犬山市生まれ、岐阜県各務原市育ち。東北大学教育学部教育学科卒。日系損害保険会社本部、大手経営コンサルティング会社勤務を経て独立。コンサルティング会社では多くの業種業界におけるプロジェクトリーダーとして戦略策定からその実行支援に至るまで陣頭指揮を執る。のべ3,300人のエグゼクティブと10,000人を超えるビジネスパーソンたちとの対話によって得た事実とそこで培った知恵を活かし、“タブーへの挑戦で、次代を創る”を自らのミッションとして執筆活動を行っている。著書は本書で151冊目。
ホームページ：http://www.senda-takuya.com/

僕《ぼく》はこうして運《うん》を磨《みが》いてきた

2018年2月5日　第1刷

著　　者　千《せん》田《だ》琢《たく》哉《や》

発 行 者　小澤源太郎

責任編集　株式会社 プライム涌光
電話　編集部　03(3203)2850

発 行 所　株式会社 青春出版社
東京都新宿区若松町12番1号 〒162-0056
振替番号　00190-7-98602
電話　営業部　03(3207)1916

印　刷　中央精版印刷　　製　本　大口製本

万一、落丁、乱丁がありました節は、お取りかえします。

ISBN978-4-413-23076-6 C0030